Leggiamo il mondo dell'italiano!
MORITA Manabu
MIYASHITA Chisako

イタリア語の世界を読む

森田 学／宮下千佐子［著］

白水社

写真提供：Daniela Ghezzo（32ページ）
　　　　　Lisa Tanaka（35ページ「ジュエリー工房」）
　　　　　小山美幸（35ページ「木彫り職人の工房」、92ページ）
　　　　　Andrea Pelloni（89ページ）
　　　　　出典表示のない上記以外の写真は著者撮影
装丁・本文レイアウト：志岐デザイン事務所

● はじめに

　本書『イタリア語の世界を読む』は、イタリア語を使う人々がこれまで築いてきた世界とそれを受け継ぎ、今を生きている人々の世界を、ことばの理解を通して体感するために作られました。それは、イタリア語の読解力を高めるだけでなく、思考や生活スタイルなど、日本語を母語とする私たちの思考や感じ方と共通する点や異なる点について理解できるようになることも言語を学ぶうえで大切なことだと考えたからです。

　文法事項をひと通り学んだ読者を想定していますが、従来のテキストのように文法規則や学習項目順に難易度が段階的に上がることを厳守した編集方法は取りませんでした。ですから、いきなり難しいと感じる文章に出くわすかもしれません。

　みなさんがイタリアに滞在する際、「だいたいわかる」「話している内容が全部理解できない」ということがきっと起こるでしょう。これこそが外国語の世界でしか体験できない醍醐味とだと著者は考えています。著者は30年以上にわたりイタリア語に関わっていますが、いまだにわからないことにたびたび出会います。そのようなとき、イタリアの新しい一面に出会うことができたと考えるようにしています。何十年も連れ添ったパートナーや家族の新たな一面を知った驚きや喜びのように思えます。

　本書は必ずしも最初から順番に取り組んでいくべき課題ではありませんから、自分の好きな話題や興味のあるトピックを選んで理解を深めていく方法もあるでしょう。また、原文から日本語に訳出するのが難しいと感じたら、訳例を読んでから原文ではどのような言い方になっているのか確かめ、音読しながらイタリア語の世界を楽しんでみる方法もあるでしょう。学習段階ですべてを完璧に理解しようとして思い悩むのではなく、みなさんの中から溢れ出す興味や好奇心を大切に育むことを心がけてみてください。

　それでは、本書を通してみなさんがイタリア語の世界を体験するなかで、イタリア語の読解力の経験値が高まっていくことを願っています。

2023年春

森田　学
宮下千佐子

イタリア語の世界を読む **目次**

読み始める前に

本書は、すでに基本的な文法を学習し、それを使ってイタリア語の文章を読んでイタリアの情報を得たり、エッセンスを感じたいと願っている読者（学習者）を想定して書かれています。とはいえ、断片的に学んだ文法知識を組み合わせてイタリア語の文章を読むのは、少なくとも最初は骨の折れる作業を伴います。

そこで、イタリア語の文章を読む際、深い森で迷子にならないような手だてをここでは示したいと思います。すでに別の言語の学習で辞書の使い方の「いろは」や文の構造を分析する「ABC」を心得ている方はこの部分を飛ばして先に進んでください。

辞書を引いてみよう

最近は電子辞書やアプリで販売されている辞書を使う方も多いと思います。紙の辞書と電子辞書、それぞれよいところと工夫が必要なところがあるでしょう。ここでは紙の辞書『プリーモ伊和辞典』（白水社）を使う場合を想定してお話しします。

紙の辞書を引く際、該当するページになかなか到達できないことがあるでしょうか。そのような場合の対策としては、「アルファベットの配列（ABC～Zまで）」を体感で摑むことを意識して辞書を引いてください。加えて、左側のページでは左上（右ページでは右上）に示されている、ページの最初に出てくる単語（ページの最後に出てくる単語）を見ながら引くことを心がけてください。

次に伊和辞典を引く時の基本的な約束事を確認しておきましょう。その際、品詞の理解が助けになるので、ちょっと自信のない方は、文法書を読み返すとよい復習になります。

　　・名詞は単数形で示されている
　　・形容詞は男性・単数形で示されている
　　・動詞は不定詞（原形）で示されている（難しいと編者が判断した活用形を除く）
　　・再帰動詞は動詞の項の最後に示されている

この他にも細かく示すことは可能ですが、まずはこの4点に注意してください。

動詞の活用形

イタリア語の動詞は文中では活用されているので最初のうちは見分けるのが難しいかもしれません。しかし、そこでめげずにコツコツ原文と向き合っていると直説法の半過去や未来、条件法や接続法などのように活用形に特徴のあるものは比較的早い段階で見分けられるようになります。ここでもやはり文法の復習を通して、機械的に覚えていた活用形が自分のものになってくる感覚を養ってください。

とはいえ、すべての活用形を自然に使いこなせるようになるには時間がかかります。文の

中でどれが動詞なのかがすぐに見分けられないこともあるでしょう。そのような場合、動詞を探そうとするのではなく、確実に動詞ではないものを見つけるようにしてください。いわゆる消去法です。

　ここでの「動詞」とは、いわゆる文の核となる動詞（述語動詞）のことです。例を挙げましょう。

Mia moglie va a fare la spesa.　私の妻は買い物をしに行く。

　この場合のfareは品詞としては動詞ですが、文意を取るために押さえなくてはならないのは「va」（andare a 不定詞「～しに行く」）の方だということです。「前置詞＋不定詞」、名詞といった要素を見分ける──選択肢が少なくなる──ことで、述語動詞が見つけやすくなるわけです。

主語の見分け方

　動詞を見分けることができれば、活用形から「法」「時制」「人称・数」が明らかになります。最初のうちは面倒でしょうが、この3つの要素を意識しながら原文に接するようにしてください。特に時制の違いや法の違いを正しく押さえることは、話し手（書き手）のニュアンスをしっかり受け取ることにもつながります。

　3つの要素のうち、「人称・数」の情報から主語を確定することが容易になります。主語を見分けるのが容易になるだけでなく、思い込みによる意味の取り違えも防いでくれます。

　イタリア語では主語を表す代名詞が省略されることがありますが、1人称と2人称の場合はそれほど訳出に影響しないかもしれません。ただ、3人称の場合には注意が必要です。動詞の活用形が単数か複数かによって、主語となる語（主に名詞・代名詞）もそれに対応する単数形・複数形を探さなければなりません。さらに非人称や「siの受身」の場合について、単数・複数をしっかり押さえることが助けになります。

　以上のような基本的ルールは、ルールとしてのみ覚えようとするのではなく、文法書を片手にイタリア語の文に触れながら、少しずつ自分のものにしていってください。複雑に絡み合った糸のように複雑な文章も、焦らず、根気強く接することでそのほつれを解くことができます。解けた時の開放感・達成感を味わうと病みつきになるかもしれません。

italiano

第1部

歩く

スーパーマーケット

イタリアを旅行する時にはスーパーマーケットに立ち寄って地元の生活を感じてみたいものですね。また、留学などで一人暮らしをしていると市場（メルカート）でキロ単位で野菜や果物を買うのを躊躇するかもしれません。

気楽に見て回ることが可能なスーパーマーケットですが、日本のスーパーマーケットと違うルールもあるので最初は戸惑うでしょう。例えば右下の写真では野菜や果物の購入方法が書かれています。

① 使い捨て手袋を使って野菜や果物を選ぶ
② ひとつの袋に一種類の野菜・果物を入れる
③ 袋の口を縛ってはかりに載せ、重さを測る
④ 選んだ野菜・果物に割り当てられた番号ボタンを押す
⑤ はかりから出てきたシールを袋に貼る
⑥ 使用済みの手袋をゴミ箱に捨てる

「あれっ、イタリアはポリ袋やプラの使用を制限していないの？」と思った方もいるのではないでしょうか。ここでは、イタリアのスーパーマーケットについての情報を読み取っていきましょう。

読んでみよう

Usa i guanti e sacchetti compostabili bianchi per pesare la frutta e la verdura sfusa sulla bilancia. Non puoi acquistare i sacchetti separatamente dal prodotto　0,01€ cad.*

*Decreto Legge no.91/2017

語彙

sacchetto［男］小さな袋／**compostabile**［形］生分解性の（微生物などの生物によって分解できる性質の）／**sfuso**［形］ばら売りの／**cad.** = cadauno［不代］（単数のみ）それぞれ／**decreto legge** 暫定措置令、法令規定

辞書を引いてみよう

　冒頭の単語Usaは辞書を引いても見出し語には出てきません。このような場合には、単語のもとの形を考えなければなりません。イタリア語では「副詞」は形が変わりませんが、名詞は「数」によって、形容詞は修飾する名詞の「性・数」によって変化し、動詞は「法・時制・人称」によって活用しています。

　電子辞書の変化形検索の助けを借りる手もありますが、できれば文法で学んだ知識を手がかりに、もとの形を想像しながら紙の辞書を引くことをお勧めします。そうすることで、文法事項の復習や確認ができ、文法知識が皆さんの血となり肉となるでしょう。

文法

　compostabiliが「-abile 〜できる」を意味する形容詞だと推測できたとしても、辞書に出てこない場合もあるでしょう。そのような場合は、形容詞compostoや動詞comporreから意味を特定することができます。もしくは伊伊辞典を引くと、見出し語として見つけることができます。とはいえ、最初から伊伊辞典を引くのはハードルが高いでしょうから、一言一句を完璧に理解しようとするのでなく文章全体が何を言おうとしているのかを捉える練習も必要です。実際にイタリアに行った時には、人に尋ねたり、イラストや写真付きの説明書きから得られる情報で理解できたりするものですから。

訳例

　バラ売りの果物や野菜を計るために、手袋と白いコンポスタブル（生分解性）・ショッパーを使いましょう。ショッパーは、別売りしていません。一枚　0,01€*

*2017年法令第91規定による

イタリアの暮らしを知るために

　2018年1月より、スーパーマーケットや食料品店でプラスチック製のショッパーの取り扱いが廃止され、その代わりにcompostabileやbio - degradabile、つまり腐敗して土になる素材を使った袋が有料で提供されるようになりました。バラ売りの野菜、果物を自分で計量するために以前から使われていた無料のビニール袋も0,01〜0,02€のコンポスタブル袋に代わり、会計時に自動的に加算されます。

MACINATO SCELTO DI BOVINO ADULTO

Tracciabilità totale Filiera di qualità
Allevato senza uso di antibiotici dallo
svezzamento
Tenore in materie grasse inferiore a 13%
Benessere animale CReNBA
Nato in Italia
Allevato in Italia
Macellato in Italia
Preparato in Italia

Da consumare entro: 20-10-2022
Peso netto 0,350kg

語彙

bovino［男］牛、［形］牛の／**svezzamento**［男］離乳／**tenore**［男］内容、含有度／**macellare**［他］家畜を（精肉のために）殺す

辞書を引いてみよう

　filiera を辞書で調べると、女性名詞「紡糸口金、ねじ切りダイス、列」などの意味が出ています。ですが、この訳語では意味が通りません。伊伊辞典を引くと経済用語として使われる時の意味が出ています。ここでは「製造に関わる流れ」の意味で読み進めてみましょう。

文法

　商品表示には国や自治体で定められた情報、企業や生産者のこだわりや独自の品質保障などが書かれています。文法で習ったきっちりとした文章では必ずしも書かれていません。どのような情報がどのように表示されているのかに注意しながら訳してみましょう。

　このような商品表示では文法や言語として難しいのではなく、前提となる知識を母語で持っていなければ難しいことが多くあります。例えば CReNBA は、Centro di Referenza Nazionale per il Benessere Animale の略称で、「動物の健やかな飼育状況を保証するための国立センター」を意味します。パッケージにこの表記をすることで、食肉のための動物が病気やストレスなしによりよい環境で飼育されていることを謳っています。

訳例

特選ひき肉（成牛）

全製造過程を追跡可能　高品質な製造ライン

離乳期から抗生物質を使用せずに飼育

製品内の脂質含有量 13% 未満

CReNBA 基準による動物の飼育状況

イタリア生まれ

イタリアで飼育

イタリアで解体

イタリアで精肉、包装

消費期限：2022 年 10 月 20 日

内容量（容器を含まない）0,350kg

関連語彙

　商品（特に食品）がいかに健全で高品質であるかを示すために、さまざまな表記があります。

● **Bio/Biologico**：有機栽培による

● **No OGM（=No Organismo Geneticamente Modificato）**：（主に大豆、トウモロコシの製品が）
遺伝子組み換えでない

● **Pesca sostenibile**：（魚介類）サステナブルな漁法によって捕獲された魚

● **Senza olio di palma**：（クッキー、菓子類）パーム油不使用

　地元で獲れた野菜など生鮮食品には prodotto locale という表示がされて並べられていることもあります。

02 | レストラン

　イタリア料理は地方ごとにそれぞれの特徴や伝統があり、一括りにすることができません。それぞれの地方の名物料理を知ることもイタリアを知るきっかけになるでしょう。

　イタリアでは食事のスタイルなどによってレストランの種類が分かれています。ピザを専門に扱うピッツェリーア（pizzeria）、家庭的な料理も扱うトラットリーア（trattoria）、本格的な食事を楽しむリストランテ（ristorante）、居酒屋のような雰囲気をもつオステリーア（osteria）などがあります。

　イタリアに隣接したモナコ公国ではイタリア語を含めたヨーロッパの各言語が通じるので足を伸ばしてみてもよいでしょう。ここではミシュラン三つ星レストラン「ルイ・キャーンズ」のホームページを読んでみましょう。

読んでみよう

Le Louis XV - Alain Ducasse è un ristorante dell'Hôtel de Paris Monte-Carlo
Ispirazione Costa Azzurra e piacere di vivere nel più prestigioso ristorante di Monaco

Con le sue 3 stelle sulla Guida Michelin, il Louis XV – Alain Ducasse all'Hôtel de Paris non cessa di sorprendere. La carta degli chef Dominique Lory e Alain Ducasse si afferma con modernità e giovinezza.

Una cucina che è un inno al sole. È così che Alain Ducasse evoca la carta d'alta gastronomia del ristorante Louis XV - Alain Ducasse all'Hôtel de Paris. La sua cucina ispirata dalla Costa Azzurra mette in rilievo i prodotti, i sapori e i colori della regione, e celebra l'esattezza dei gusti.
Pesce proveniente dalla pesca locale, erbe e verdure dell'entroterra, brodi intensi…

Accordo pietanze e vini. Noël Bajor, chef sommelier, ha immaginato una carta dei vini tale da rivelare nel contempo l'immensa ricchezza di una delle cantine più belle al mondo e i migliori prodotti della regione.

Informazioni pratiche:
- La informiamo che è richiesta una tenuta elegante. L'uso della giacca è di rigore per la cena durante tutto l'anno. Dall'apertura della terrazza, la giacca rimane apprezzata
- I nostri amici cani non sono ammessi al ristorante
- Déjeuner Riviera disponibile a partire dal 10 gennaio 2020

• レストラン公式HP https://www.montecarlosbm.com/it/ristorante-monaco/le-louis-xv-alain-ducasse-hotel-de-paris より（2022年3月現在のもの）　＊下線は引用者（以下同じ）

語彙

Alain Ducasse（フレンチの名シェフ）アラン・デュカス／**Costa Azzurra** コートダジュール／**Guida Michelin** ミシュラン・ガイド／**carta**［女］メニュー／**Dominique Lory**（レストラン「ルイ・キャーンズ」のシェフ）ドミニク・ロリー／**affermarsi**［再］成功する（評価を得ている）／**evocare**［他］たたえる、［暗喩で］表す／**mettere in rilievo** 際立たせる／**celebrare**［他］祝う、

賞賛する／**gusto**［男］味／**proveniente**［形］〈〜から〉来た／**locale**［形］地元の／**entroterra**［男］［無変］後背地：ここでは「地元で生産された野菜」の意／**intenso**［形］激しい：ここでは「（味が）濃厚な」の意／**pietanza**［女］料理／**sommelier**［名］ソムリエ／**tale da** *inf.* 〜するほどの／**rivelare**［他］示す／**nel contempo** 同時に／**immenso**［形］計り知れない／**migliore**［形］（buonoの比較級）よりよい／**pratico**［形］実用的な／**tenuta**［女］服装／**di rigore** 必須／**apertura**［女］開始／**apprezzato**［形］歓迎された／**amico**［形］愛する、大切な／**ammesso**［形］（ammettereの過分）入場を許可された／**déjeuner**［男］昼食／**disponibile**［形］利用できる／**a partire da** 〜から

文法

　イタリア（特にピエモンテ州やリグーリア州）ではフランス語がイタリア語の会話の中に自然に入り込んでいることがあります（例えば、「宝石bijou」「（甘い菓子パンの）ブリオッシュbrioche」など）。単語レベルだけでなく、ホームページのタイトルなどでは「ルイ15世Louis XV」に付けられた定冠詞がフランス語のle、本文中ではilのようにイタリア語の男性・単数形が用いられることもあります。

　È così che...の表現は「（前文を受けて）〜なので（che以下の部分について）である」という意味になります。

　Ha immaginatoは「助動詞avere＋過去分詞」で近過去の表現です。

　dei viniは「di＋定冠詞」による部分冠詞です。数えられない名詞は単数形で用いられ「いくばくかの量」を、数えられる名詞は複数形で用いられ「いくつかの（数）」を表します。ワインは数えられない名詞（不可算名詞）ですが、複数形で使う場合には「種類」を指します。ですからここでは、部分冠詞（複数形）と一緒に用いることで、種類の異なるいくつかのワイン」の意味になります。

　una delle cantine più belle al mondoの表現では、「（le cantine più belle）定冠詞＋名詞＋più＋形容詞」で相対最上級を表し、そのうちの一つ（una delle...）という意味です（ここでは比較の対象がdiではなく「世界でal mondo」で示されています）。同じくi migliori prodotti della regioneも相対最上級ですが、（il）più buonoではなく、比較級の特殊な形miglioreに定冠詞が付けられたものです（こちらは比較の対象をdiで示しています）。

訳例

「ルイ・キャーンズ＝アラン・デュカス」はモンテカルロのオテル・ド・パリにあるレストラン
モナコ有数の高級レストランで、コート・ダジュールの雰囲気と生きる喜びを（お楽しみください）

　ミシュランガイド三つ星を持つオテル・ド・パリの「ルイ・キャーンズ＝アラン・デュカス」は（あなたを）驚嘆させてやみません。2人のシェフ、ドミニク・ロリーとアラン・デュカスによるメニューは、そのモダンでフレッシュな料理の数々で成功を収めています。

　「太陽への賛歌である料理」——アラン・デュカスはこのように「オテル・ド・パリ　ルイ・キャーンズ＝アラン・デュカス」のハイレベルな料理をたとえています。コートダジュールにインスピレーションを受けた彼の料理はこの地方の素材、味と色彩を際立たせて、繊細な味覚に喜びを与えます。

　地元で獲れた魚介類、近郊から届くハーブ類や野菜、味わい豊かなブイヨンスープ…

　料理とワインのコンビネーション。シェフ・ソムリエのノエル・バジョーは、世界有数の素晴らしいワインセラーの膨大な宝と同時に、地元の優れたワインの数々をも紹介できる（ことを想像、意図して）ワインリストを作り上げました。

インフォメーション：

- お客様には、エレガントな服装でのお越しをお願いいたします。夕食の席では通年のジャケット着用が義務付けられております。テラス席がオープンしてからも、続けてジャケット着用が好まれます。
- （私たちの友人である）犬は、レストラン内に入れません。
- 「Déjeuner Riviera　リヴィエラ風ランチ」は、2020年1月10日よりご利用いただけます。

03 料理

　旅行先のレストランやオステリーアで味わった美味しいイタリア料理。あの味を自分の家でも再現してみたいと思いませんか。今ではレシピを日本語で紹介している本やサイトがたくさんありますが、イタリア語で書かれたレシピであっても材料の名前と「切る、混ぜる、煮る」などの基本的な動詞の意味さえ分かれば、それほど苦労なく読むことができます。

　伝統料理のレシピだけでなく、手軽なアイディア料理や美味しく作るためのヒントは、料理の本、雑誌、ブログをはじめ、材料となる食品のパッケージなど、あらゆるところにみつけられます。是非挑戦してみてください。

　例えば、この有名なパスタのレシピを見てみましょう。

読んでみよう

Spaghetti alla carbonara
Ingredienti per 4 persone
4 tuorli
pepe nero q.b.
200 g di guanciale a listarelle
400 g di pasta
120 g di pecorino romano

Procedimento
In una padella antiaderente lasciate cuocere il guanciale senza aggiungere l'olio, a fuoco lento finché non diventerà dorato e croccante, poi tenete da parte metà delle listarelle croccanti.
In una ciotola capiente, unite il pecorino grattugiato, le uova, e il pepe

nero macinato fresco. Amalgamate il tutto fino a ottenere una cremina densa.

Scolate gli spaghetti al dente e uniteli al guanciale nella padella. Amalgamate velocemente la pasta e il guanciale con il suo grasso, e poi versatela nella ciotola del composto, iniziando a mantecare a bagnomaria. La salsa comincerà a sciogliersi e poi a rapprendersi. Quando avrà raggiunto la giusta densità, impiattate guarnendo col guanciale croccante, una spolverata di pepe e pecorino.

語彙

q.b.（quanto basta の略語）適量／ **guanciale**［男］グワンチャーレ（豚のほお肉の塩漬け）／ **listarella**［女］短冊／ **antiaderente**［形］非粘着性の（→padella antiaderente テフロン加工が施されたフライパン）／ **amalgamare**［他］混ぜ合わせる／ **scolare**［他］水を切る／ **composto**［男］混ぜ合わせた物／ **mantecare**［他］練り混ぜる、こねる／ **a bagnomaria** 湯煎で／ **sciogliersi**［再］溶ける／ **rapprendersi**［代動］固まる、凝固する／ **guarnire**［他］飾る／ **spolverare**［他］軽く振りかける

辞書を引いてみよう

　辞書を引いて訳語を調べれば比較的容易に意味を理解することができる文章です。とはいえ、料理に不慣れな人は知らない単語の多さに圧倒されることもあるでしょう。そのような場合、文章のどこに述語動詞があるのかを見つける練習をしっかり行なうことが読解への近道です。述語動詞を見つける時には「動詞の原形（不定詞）」はその対象になりません。活用された動詞を見つける訓練をしましょう（動詞の活用形にも強くなって一石二鳥）。

文法

　「料理手順 procedimento」を説明する部分では動詞が2人称複数形で記されています。マニュアルなどでは不定詞で指示することが一般的ですが、雑誌やブログなどの（より読者を意識した）文章では命令法・2人称複数形（lasciate）が使われることが多いようです。同じ動詞に関わる表現で、lasciate cuocere il guanciale は「lasciare＋不定詞」の「（放任）～するままにさせておく」になります。

　最後から2行目の col は前置詞 con と定冠詞 il の結合形です。古いイタリア語では collo, cogli などの形を目にすることもありますが、現代イタリア語では col だけがまだ使われることがあります（例「col canto 歌と一緒に」など）。

スパゲッティ・アッラ・カルボナーラ

4人分の材料

卵黄4個

黒コショウ適量

短冊状に切ったグワンチャーレ200 g

パスタ400 g

ローマのペコリーノチーズ150 g

調理手順

　テフロン加工されたフライパンで、油は加えずにグワンチャーレを色づいてカリカリになるまで弱火で炒めてください。カリカリになった短冊(状のグワンチャーレ)の半分を取りわけておきます。

　容量の大きいボウルにすりおろしたペコリーノチーズ、卵と刻んだばかりの黒コショウを入れて、濃厚なクリーム状になるまでよく混ぜます。

　アルデンテに茹でたスパゲッティの湯を切り、フライパンの中のグワンチャーレに加えます。パスタをグワンチャーレとその油に素早く絡めてから、ボウルの中の混ぜてある材料に加えて湯煎に掛けながら練り混ぜていきましょう。ソースは溶けだし、その後固まってきます。ちょうどよい濃さになったら皿に盛りつけ、(取り置いてあった)カリカリのグワンチャーレを飾り、黒コショウ、ペコリーノを振りかけましょう。

　近年ではイタリアを旅行する際に、ホテルに滞在するだけでなく、キッチンの付いた部屋を借りて長期滞在する人も増えてきました。そのような際には以下のような関連語彙も力強い味方になると思います。また、手順などを撮影した写真付きのレシピ本などを購入して作ってみるのも楽しいでしょう。

●**動詞**

affettare[他]：スライスする

tritare[他]：細かく刻む

bollire[他]：茹でる、煮る

cuocere[他]：調理する、焼く

rosorare[他]：表面をローストする

friggere[他]：揚げる

soffriggere[他]：炒める

grigliare[他]：グリルする

grattugiare[他]：すりおろす

sbattere [他]：撹拌する

marinare [他]：マリネする

stendere [他]：バターなどを塗り伸ばす、生地を綿棒などで押し伸ばす、広げる

sfumare [他]：ワインや酒を振ってからアルコールを飛ばす

infarinare [他]：小麦粉をまぶす

impanare [他]：パン粉をまぶす

preriscaldare [他]：予熱する

fondere [他]：溶かす

montare [他]：(卵、生クリームなどを) 泡立てる

setacciare [他]：ふるいにかける

●名詞

albume [男]：卵白

tuorlo [男]：卵黄

setaccio [男]：ふるい

mattarella [女]：綿棒

frusta [女]：泡立て器

frusta elettrica [女]：電動の泡立て器

tagliere [男]：まな板

forno statico [男]：スタティックオーブン (上下のヒーターで加熱する通常タイプのオーブン)

forno ventilato [男]：(ヒーターに加え、ファンで熱風を起こして加熱するタイプの) オーブン

●その他 (よく使う言い方)

portare all'ebolizione：沸騰させる

cuocere al vapore：蒸す

tirare la pasta：(手打ちの) パスタを打つ

alzare/abbassare la fiamma：火を強める/弱める

04 飲料（カッフェ）

　カッフェ（caffè）は一般的に、エスプレッソコーヒーを指します。ドリップコーヒーではなくて、バールのエスプレッソマシーンか、家庭用の「モカ（moka）」または「マッキネッタ（macchinetta）」と呼ばれる直火式の道具を使って淹れる濃厚なコーヒー。また近年はカプセル式のマシーンでバール顔負けのエスプレッソが家庭でも楽しめるようになりました。お馴染みのカプチーノも、マッキアートも、すべてこのエスプレッソを使って作られます。朝食に、仕事の合間に、馴染みのバールで友人との立ち話に、ボリュームたっぷりの食事の後に、とイタリアの生活にコーヒーは欠かせません。

　一口にエスプレッソコーヒーと言っても、ミルクの量や泡の有無、温度など、人それぞれ好みがあって、バールでの注文を聞いていると細かい指示をしているお客さんをよく見かけます。いろいろなバリエーションを試して自分好みの味を探してみるのも楽しいですね。

読んでみよう

Il caffè non divide gli italiani. Li unisce, invece. È una pausa liquida, piena di conseguenze. Una bevanda scura con un significato chiaro. "Ci prendiamo un caffè?" segnala l'inizio di conoscenze, amori, trattative, progetti, contratti (o risoluzione dei medesimi). La traduzione di "prendiamo un caffè" è: ti devo parlare. Ma non posso farlo per strada, non voglio farlo davanti a una scrivania, non ti chiedo di venire a casa mia. Non voglio neppure parlarti seduto, all'americana (nelle serie Netflix, gli snodi narrativi passano spesso da una tazza di acqua marrone). Voglio invece prendere un caffè, in piedi. Bar o macchinetta aziendale, fa lo stesso. Un caffè italiano non è un appuntamento e non è un impegno. È una trattativa, talvolta un armistizio. L'importante è che nessuno si senta troppo esposto, e abbia l'impressione di essersi sbilanciato.

● Beppe Severgnini 著「*Perché il vino è un educazione sentimentale, e il caffè è un armistizio*」『Neoitaliani』Rizzoli 社 (2020) より

語彙

dividere [他] 分ける、分断する／**conseguenza** [女] 結果、成り行き／**segnalare** [他] 合図する／**trattativa** [女] 交渉／**contratto** [男] 契約／**risoluzione** [女] 解決／**medesimo** [代名] (定冠詞を伴い) 同一物／**snodo** [男] 分岐点／**narrativo** [形] 物語の／**fa lo stesso** 同じことである・になる／**armistizio** [男] 休戦／**esporsi** [再] 自分をさらけだす／**sbilanciarsi** [代動] 限度を越す

文法

　1～2行目のÈ una pausa liquida, piena di conseguenzeの部分を訳そうとすると戸惑うかもしれません。そんな時、単語を辞書で引いて、訳語を並べ、あとは日本語として文意を通るように調整する、というやり方をしてはいけません。述語動詞を押さえて、そこからひもといていくことが確実な方法です。ここでの主語は、冒頭の文と同じIl caffèのままです (同じなので省略されています)。「コーヒーが、una pausa liquidaであり、piena di conseguenzeでもある」というかたちをしっかり捉える訓練をしましょう。例えば、文のかたちを意識しながら「それは一服すれば憩いをもたらす液体である」と訳したうえで、「その液体には (これから述べられるように) たくさんの結果を引き出すパワーが満ちている」と理解するといった練習を重ねるとよいでしょう。

　2行目のUna bevanda scura con un significato chiaroなどは、文章と睨めっこするだけで

なく、音読してみると書き手の意図を掴みやすいでしょう。「scura - chiaro 暗・明」を対比した表現だと分かれば、「飲み物の色は(黒っぽいので)クリアーではないけれど、それの持つ意味はクリアー」というニュアンスが読み取れるはずです。とはいえ、イタリア語らしい表現なので、文法を学習中の方には手強いと思います。悩みながら経験値を上げていくことで、イタリア的な思考が掴めるようになりますから、完璧を求めすぎず、新たな視点を獲得できているとポジティブに捉えてくださいね。

　最後から3行目の「約束、予約 appuntamento」「面会、用事 impegno」という単語などは複数の意味合いがありますから、話の流れから違った訳文が導き出せることもあるでしょう。このような時には、「appuntamento でもなければ、impegno でもない」と該当する単語を訳さずに文を眺めてみると(自分がたまたま選んだ)訳語に影響されずに文と向かい合うことができます。この2つの名詞はどちらも約束という訳語があてられますが、ニュアンスを補足しておくと、impegno には義務感・やらなければならないことといった意味合いがあります。また、appuntamento は(好意を寄せる相手や恋人との)デートの意味でよく使われる言葉で、appuntamento galante (amoroso)とも言います。

　コーヒーでイタリア人はもめない。むしろ、それは彼らを団結させる。それは、あらゆる結果を引き出す液体状の憩いである。明白な意味をもった暗黒の飲物。「一緒にコーヒーを飲まない?」は、新しい出会いや、恋愛、交渉、企画、契約などが始まる(あるいはそれらが終わる)サインである。「一緒にコーヒーを飲みましょう」を別の言葉で言いかえるとこうなる。君に話があるんだ。でも道端では話せない。仕事机の前では嫌だし、私の家まで来てとも言わないよ。だからといって、アメリカ風にじっくり座って話すのも嫌なんだ(Netflixのシリーズ物ドラマでは、しばしば話の展開が一杯の茶色い水を介して進む)。私はコーヒーを、立ったまま飲みたいんだ。バールでも、会社のコーヒーマシンの前でも、どちらでもいい。イタリアのコーヒー(への誘い)は、デートでも仕事でもない。それは話し合いであり、時には一時休戦でもある。ただここで重要なのは、誰も本音を出しすぎてしまった、とか、余計なことをしてしまった、などと感じなくて済むことなのだ。

訳注:濃いエスプレッソを少量飲むのに慣れているイタリア人たちは、ときどきアメリカンコーヒーのことを「汚れた水」とか「茶色い水」と呼んでふざけます。

● **caffè nero / liscio**:
　ブラックのエスプレッソ
● **caffè corto / caffè lungo**:
　抽出時間が短くて濃い／抽出時間が長くて薄いコーヒー
● **caffè americano**:
　エスプレッソをお湯で薄めたもの(普通はエスプレッソの脇にお湯を添えて供される)

● **caffè macchiato**：
ごく少量のミルクを入れたエスプレッソ

● **latte macchiato**：
ガラスのコップに入れた温かいミルクにエスプレッソを加えたもの

● **cappuccino**：
大きめのカップで、エスプレッソに蒸気で泡立てたミルクを加えたもの

● **caffellatte**（caffè latte）：
ミルク多めのミルクコーヒー

● **caffè corretto**：
エスプレッソにグラッパなどリキュールを少量加えたもの

● **caffè shakerato**：
砂糖を加えたエスプレッソと氷をシェーカーで撹拌したもの

● **marocchino**：
エスプレッソに泡立てたミルクとココアパウダーを加えたもの

家庭用コーヒーメーカー
（コンロにかけて使用するタイプ）

05 バーゲンセール

　イタリアでセール（saldi）は、夏期と冬期の2回行なわれます。セールの開始日は州によって定められますが、夏のセールは大体7月の最初の週末に、そして冬のセールはエピファニア（1月6日）の前後に始まります。それ以外の時期に行なわれる値下げはvendita straordinaria（スペシャル・セール）とか、vendita promozionale（プロモーション・セール）、vendita di fine stagione（季節の終わりのセール）などと呼ばれ、特別価格で買い物ができるのは大体数日間と短い期間です。そのほか、最近はアウトレットや工場直売所など、一年中定価よりお得な値段で買い物ができる場所も増えてきました。そのような場所やセールをうまく利用すれば、きっと素敵な掘り出し物に出会えるでしょう。

読んでみよう

　I saldi estivi 2022 a Milano e in Lombardia arrivano <u>puntuali</u> anche questa estate per la gioia degli appassionati di shopping e per chi è sempre alla ricerca di qualche sconto e occasione per acquistare finalmente quel capo adocchiato <u>mesi fa</u>. Durante questo periodo potrete infatti trovare i capi e gli accessori（ma anche elettrodomestici, arredi per la casa e altri oggetti）a prezzi scontati.

　Per questo 2022, la Regione fissa l'inizio dei saldi estivi a Milano e in Lombardia al giorno sabato 2 luglio 2022. Una data assolutamente <u>da segnare</u> in agenda per gli amanti dello shopping e del risparmio, ma anche per chi è alla ricerca di qualche buon <u>affare</u>.

• https://www.milanopocket.it/saldi-estivi-2022-milano-lombardia/ より

語彙

saldi[男・複]バーゲン(セール)／ **puntuale**[形]時間通りの、正確な／ **appassionato**[男]愛好家／ **alla ricerca di...** ～を探して／ **sconto**[男]割引／ **occasione**[女]チャンス／ **acquistare**[他]購入する／ **capo**[男](= capo d'abbigliamento)商品、衣服／ **adocchiare**[他]目を留める、気づく／ **accessorio**[男](主に複数形で)アクセサリー／ **elettrodomestico**[男]電化製品／ **arredo**[男]家具(一式)／ **regione**[女]州(ここではミラノのあるロンバルディア州のこと)／ **fissare**[他]定める／ **data**[女]日付／ **assolutamente**[副]絶対的に、是非とも／ **agenda**[女]手帳／ **amante**[名]愛(好する)人／ **risparmio**[男]節約／ **affare**[男]取引、商売

文法

1行目のpuntualiは主語の状態を説明する補語で、「(主語が)正確に到着する」という意味になります。mesi faは「一ヶ月 mese」の複数形なので、「数ヶ月前に」を表します。また、「2022」は「西暦2022年」のことですが、duemilaventidueと読みます。

最後から3〜2行目のda segnareは「da +不定詞(～すべき)」という使い方になっています。最終行の「affare 取引、商売」は「È un affare それはうまい話だ」のニュアンスを表せます。

訳例

ショッピング好きの皆さん、また何ヶ月も前に目を付けた服をついに手に入れるため、常に何かしらの値下げやチャンスを探していた皆さんがお待ちかねの2022年夏のバーゲンセールは、この夏いつも通りにミラノとロンバルディア州にやってきます。そう、期間中には服やアクセサリー類を(そして電化製品や家具インテリア、その他の品々も)お得な値段で見つけることができますよ。

この2022年ロンバルディア州政府は、ミラノをはじめロンバルディア州での夏のバーゲンセールの開始を2022年7月2日土曜日と定めました。ショッピングを愛し、節約を愛し、何かお得な買い物をしたいと思っている人はスケジュール表に絶対に印をつけるべき日付です。

イタリアのファッション

ミラノのガレリア

読んでみよう

La moda Italiana（1）

Il termine moda deriva dal latino modus, che significa maniera, norma, regola, melodia, ritmo; ovviamente il significato attuale della parola moda si è un po' modificato rispetto all'usanza dei tempi della Roma antica, ma anche oggi la Moda non è solamente l'abbigliamento e gli accessori ma il modo in cui questi simboleggiano o dimostrano qualcosa. In poche parole si può essere vestiti ma non avere nulla a che fare con la Moda, oppure essere quasi completamente nudi e rappresentare il simbolo della Moda stessa.

[...]

• Cultura Italiana Bologna 編 *Quaderdno delle Attività* より

語彙

derivare［自］〈da〉～に由来する／**significare**［他］意味する／**all'usanza di...**～の風習では／**tempo**［男］時代／**abbigliamento**［男］衣服、ファッション業界／**simboleggiare**［他］象徴する／**dimostrare**［他］示す／**non avere nulla a che fare con** ～とまったく関わりがない／**rappresentare**［他］表す

文法

　文意を押さえる第一歩は述語動詞をしっかりと把握することですが、3行目の si è un po' modificato などでは戸惑うことがあるのではないでしょうか。これは è や si è の部分だけに注目するのではなく、視野を広げて代名自動詞「modificarsi 変化する」の近過去だということが理解できるとスムーズに訳せるようになるでしょう。ただし、si が出てきたらすべてこの形になるわけではありません。5～6行目の si può essere vestiti の部分では、può の活用形が3人称単数形であるにもかかわらず、過去分詞 vestiti の語尾は男性・複数形になっています。この点に気がつけば、非人称の si の表現において、男性・複数の vestiti が用いられていることが理解できます。確かにこのような練習や訓練は面倒くさいものです。しかし、経験をコツコツ積み重ねることで読解力は着実にアップします。根気強く続けていきましょう。

訳例

イタリアの流行ファッション（1）
　「モーダ moda」という言葉は、流儀、方法、規律、メロディー、リズムを意味するラテン語の「モードゥス modus」に由来しています。当然、現代における「モーダ」という言葉の意味は古代ローマ時代の風習から少し変化しました。とはいえ、今日でも「モーダ」は衣服や装飾品そのものだけ（を意味するの）ではなく、それらが何かを象徴し、表現する方法、様相──を意味します。簡単に言うと、衣服を着ていても「モーダ」とはかけ離れたものであり得るし、反対にほとんど裸に近い状態でも「モーダ」そのもののシンボル（訳注：そのいでたちで表現されるその人の有り様や流儀、個性、雰囲気など）を体現することができるのです。［後略］

読んでみよう

La moda Italiana（2）
[...] Nei secoli passati, l'abbigliamento alla moda era riservato alle famiglie ricche soprattutto per via del costo dei tessuti e dei coloranti usati, che venivano estratti dal mondo minerale, animale e vegetale. Prima del XIX secolo, l'abito era considerato talmente prezioso che veniva elencato tra i beni della famiglia nei testamenti. Le classi più povere indossavano solo

abiti tagliati rozzamente e, soprattutto, colorati <u>con tinte poco costose</u> come il grigio. A questi aggiungevano scarpe in panno o legno, Non potendo permettersi il lusso di acquistare abiti nuovi confezionati su misura, tali classi ripiegavano spesso sull'abbigliamento usato.

• Cultura Italiana Bologna 編 *Quaderdno delle Attività* より

語彙

passato［形（過分）］過ぎ去った／**alla moda** 当世ふうの／**soprattutto**［副］とりわけ／**per via di ...** 〜によって／**colorante**［男］・**tinta**［女］染料／**minerale**［形］鉱物の／**vegetale**［形］植物の／**XIX secolo** 19世紀（ローマ数字は序数：diciannovesimo）／**bene**［男］（複数で）財産／**testamento**［男］遺言状／**indossare**［他］身に着ける／**tagliato**［形］（過分）裁断された（作られた）／**rozzamente**［副］粗野に／**in panno** 布製の／**in legno** 木製の／**potendo** > **potere** のジェルンディオ／**lusso**［男］贅沢／**confezionato**［形］（過分）仕立てられた／**su misura** オーダーメイドの／**tale**［形］（前述の話題などを指して）こうした／**ripiegare**［自］我慢する

文法

　3行目のvenivano estratti dal mondo minerale ...は「venire＋過去分詞＋da」の受動態半過去です（4行目のveniva elencatoも同様）。助動詞の時制にも注意すると正確に文意を捉えることができます。5行目のLe classi più povereは「定冠詞＋名詞＋più＋形容詞」の相対最上級です。定冠詞のない比較級との違いに注意してください。

　6行目のcon tinte poco costoseがスムーズに訳せない場合、各単語の品詞をはっきりさせましょう。前置詞 con＋名詞 tinte＋副詞 poco＋形容詞costoseが見分けられれば、「高価な染め色を使ったcon tinte costose」と「ほとんど〜ない poco」との関係がわかり、「ほぼ費用のかからない染料で」のように訳せるようになります。丁寧に読み解くことが一番の近道です。

訳例

イタリアの流行ファッション (2)
　かつては何百年もの間、流行のファッションは裕福な家にのみ許されるものでした。何より生地と、鉱物、動物、植物界（の原料）から抽出されて（染色に）使われる染料のコストが莫大だったからです。19世紀以前、衣服は貴重品とされていたため、家族に受け継がれる財産として遺言書に記載されるほどでした。　貧しい階級の人々は粗雑な裁断で、特にグレーなど安価な染色が施された服しか着ていませんでした。そのような衣服に加えて、靴は、布地か木製でした。サイズに合わせて新しい服をあつらえるような贅沢はできなかったので、彼ら貧困層の人々は使い古された衣服で間にあわせるのが常でした。

italiano

第2部

知る

07 職人気質

Atelier Segalin di Daniela Ghezzo

靴職人工房の一角

　日本語で職人気質といえば、職人にありがちな性格的な傾向で、一見偏屈や頑固に見えるけれど、自分の技能を信じるとともに誇りを持ち、納得ゆくまで丹念に仕事を仕上げるさまをイメージするのではないでしょうか。

　経験を経ることで自ら身につけた技能を習熟させ、手作業で物を作り出すことのできる職人。イタリアではルネサンス期の芸術工房をはじめとして、装飾品やガラス製品、ファッションなどさまざまな物を生み出す工房があります。ここではヴァイオリンなどの弦楽器職人の話をイタリア語で読んでみましょう。

読んでみよう

Stefano Trabucchi, dove nasce la liuteria

　Cremona è la gelosa custode dei segreti di Stradivari, tenuti vivi e conse-gnati al futuro dalle botteghe dei liutai artigiani.

Il laboratorio di Stefano Trabucchi, maestro liutaio di Cremona, è un luogo silenzioso, caldo e avvolgente, dove il tempo scorre lentamente, scandito da gesti e rituali che si ripetono da secoli su questa riva del Po. "La liuteria classica non è cambiata molto dal 1500, gli attrezzi e i materiali sono principalmente gli stessi che venivano utilizzati secoli fa. La cosa più importante, però, è che i violini e gli altri strumenti che realizziamo sono fatti con le stesse tecniche che utilizzava Stradivari", racconta uno degli eredi di una scuola resa celebre in tutto il mondo dalla firma "Antonius Stradivarius Cremonensis".

Da almeno cinque secoli, la liuteria cremonese è un'eccellenza artigiana assoluta, riconosciuta in ogni angolo del globo e patrimonio dell'Umanità per l'UNESCO.

"La gloria del passato è stata tutelata e salvaguardata, oggi Cremona è un brulicare di botteghe di liutai capaci e preparati. L'istituto tecnico riesce a formare e a preparare tanti giovani a quello che, per me, è il mestiere più bello del mondo. Dalla prima volta che l'ho scoperto, non ho mai smesso di amare il legno, gli strumenti, il loro suono. È un mestiere difficile, che richiede attenzione, precisione e anni di studio e di preparazione. Il risultato finale, però, è qualcosa di indescrivibile".

• F. Cassieri「Stefano Trabucchi, dove nasce la liuteria」より
https://spiritoartigiano.it/ritratti-del-lavoro-stefano-trabucchi/

語彙

liuteria［女］弦楽器工房／**geloso**［形］大切にする／**custode**［女］管理人、守り人／**avvolgente**：他動詞**avvolgere**「巻き付ける、包む」の現在分詞／**scorrere**［自］流れる／**scandire**［他］（時間を）分ける、区切る／**rituale**［男］儀式のように繰り返される動作／**Po**［固名・男］ポー川／**attrezzo**［男］道具、工具／**materiale**［男］材料、素材／**stesso**［指代］（定冠詞とともに）同じもの：[指形]同じ／**secoli fa** 数世紀前／**erede**［男］後継者／**cremonese**［形］クレモナの／**eccellenza**［女］優秀さ／**globo**［男］地球／**patrimonio dell'Umanità** 世界遺産／**tutelare**, **salvaguardare**［他］保護する／**brulicare**［自］群れ集まる、ごった返す／**bottega**［女］工房／**istituto tecnico** 職業（訓練）学校／**risultato**［男］結果／**indescrivibile**［形］言い表せない

　前ページ上から8行目の una scuola resa celebre では resa が「rendere の過去分詞（女性単数）」であることにまず注目します。次に辞書で reso を引いてみると、「返却された、降伏した」といった訳語が出てきます。ところが、この訳語では日本語にうまく訳せません。だからといってなんとかつじつまを合わせるための作文をしてはいけません。このような場合には、rendere［他］をじっくり読み返します。すると、「返す、与える」などの訳語以外にも、「もたらす、…にする」といった意味が示されています。そして、ここでは後者の意味合いの過去分詞、つまり「…にした」という意味で使われていることが理解できます。

文法

　原文では、「essere＋過去分詞」と「venire＋過去分詞」による受動態が使われています。助動詞 essere, venire の時制に応じて、受動態・現在や受動態・未来の表現が可能になります。ただし、essere が単純時制と複合時制の両方を用いることができるのに対して、venire では複合時制を用いることができません（つまり、受動態・近過去や大過去は表現できない）。

　2つ目の段落3行目 La liuteria classica から始まる表現は、" "（virgolette）に挟まれているので「弦楽器製造者トラブッキさんの言葉を直接引用している部分です。特に2つ目の文は非常に長いのですが、それに惑わされることなく、その後に出てくる racconta（直説法・現在・3人称単数）の主語が誰なのかをしっかり押さえましょう。つまり、この記事の主人公であるトラブッキさんですね。

　最後の段落はすべてトラブッキさんの言葉です。quello che, per me, è il mestiere più bello del mondo では挿入句「per me 私見では」があります。このように「自分にとっては」と断ったうえでの表現では、quello che... で導かれる関係詞節に相対最上級が使われていても、動詞 essere は接続法ではなく直説法が使われます。職人としての自負が感じられる一文ですね。そして次の文で l'ho scoperto と続く lo で再び同じ内容を受けています。最後の文の動詞 richiede の直接目的語が attenzione と precisione、そして anni di studio e di preparazione だと見分けられればスムーズに文意が摑めるでしょう。

訳例

ステファノ・トラブッキ　弦楽器制作発祥の地で

　ストラディバリウスの秘密を大切に見守ってきたクレモナ。その秘伝の技術は弦楽器職人たちの工房から未来へと脈々と受け継がれています。

　クレモナの弦楽器職人ステファノ・トラブッキ親方の工房は、静かで温かく、包み込まれるように居心地のよい空間です。そこにはこのポー川のほとりで何世紀もの間、儀式のように繰り返されてきた仕草が時を刻み、ゆったりとした時間が流れています。「クラシックの弦楽器制作（技術）は、1500年当時からそれほど変わっていません。材料も道具も基本的には何百年も前に使われ

ていたものと同じです。でも何より大切なのは、バイオリンも他の楽器も、私たちはストラディバリウスが使っていたのと同じテクニックで制作するということです」と、"Antonius Stradivarius Cremonensis（クレモナのアントニウス・ストラディバリウス）"のサインで世界中に著名となった流派の後継者の一人（であるトラブッキ氏）は語ります。

　少なくとも5世紀も前の昔から、クレモナの弦楽器制作技術は究極の職人技の粋であり、（その価値は）地球上の隅々まで知れわたってユネスコの無形文化遺産として承認されました。

　「過去の栄光は大切に保護、保存されました。現在クレモナには、優秀で技術のある弦楽器制作工房が数多く軒を並べています。専門学校は、たくさんの若者たちを教育し、この職業──私にとっては世界一素晴らしい仕事──に必要な準備を施すことに成功しています。

　私は、初めてその魅力を知って以来、木と、楽器と、その音色を愛し続けてきました。これは、注意力、正確さと長年の勉強や修行が必要な、難しい職業です。しかし（それらの苦労がもたらす）最後の結果は、何とも言い表せないほどの（素晴らしい）ものです」

ジュエリー工房

木彫り職人の工房

イタリアでは地震や洪水など大きな自然災害で被災者が出ると、自治体で、教会で、学校で、さらにSNSやテレビ等でさまざまな募金活動が始まります。また、経済的な問題を抱える人、差別にあっている人、犯罪の被害者など社会的な弱者を援助するための非営利団体は全国に数多く存在しており、たびたび寄付を募るキャンペーンが行なわれます。そんな時よく耳にするのがsolidarietà（ソリダリエタ）という言葉で、辞書を引くと「連帯責任、連帯感、団結」という意味が出ています。

募金やボランティア活動にはbeneficenza（慈善、善行）、carità（慈愛、施し、チャリティー）、generosità（寛大さ）などという言葉も関連して使われることが多いですが、solidarietàを好んで使うのには理由があります。ただ単に「よいことをする」とか、「裕福な人が貧しい人に施しを与える」という態度よりも、「困っている人の気持ちに自分のことのように共感し、ともに歩いていけるように仲間として手を差し伸べる」という気持ちから募金をしたり、ボランティアを行なう人が多いためです。そこから、evento di solidarietà（チャリティー・イベント、慈善事業）、concerto di solidarietà（チャリティーコンサート）のような使い方で、「助け合い」を表すことが少なくありません。

この連帯感、助け合いの精神は、個人主義を重んじるヨーロッパ文化の中でも、特にイタリア人の心に強く根付いています。ここで紹介するチラシは、Banco Alimentareという非営利団体が毎年行なっているキャンペーンを紹介したものです。この団体は、食料品の流通から生じる廃棄などの無駄を少しでも軽減するため、それらの商品を集めて、炊き出しを行なう団体等に提供する活動をしています。年に一度、一般の人がスーパーマーケットで買い物をする際、パスタや缶詰など、保存のきく食品を買って、レジの外にいるボランティア員に直接渡すことができます。寄付した物の用途がはっきりしているので参加する人が多い、人気のイベントです。

読んでみよう

Da 25 anni l'evento di solidarietà più partecipato in Italia

Cos'è la giornata della Colletta Alimentare?

Ogni giorno Banco Alimentare recupera eccedenze alimentari per distribuirle a strutture caritative che offrono pasti o pacchi alimentari a persone che vivono in difficoltà. Accanto all'operosa attività quotidiana, Banco Alimentare organizza ogni anno, l'ultimo sabato di novembre, la Giornata Nazionale della Colletta Alimentare.

Giunta alla 25esima edizione, Colletta Alimentare 2021 sarà sia in presenza sia online. E, grazie alle charity card si potrà donare non solo durante la Giornata Nazionale della Colletta Alimentare del 27 novembre, ma anche i giorni a seguire: dal 28 novembre fino al 5 dicembre.

Depliant

25°COLLETTA ALIMENTARE

FAI UN GESTO CONCRETO Partecipa anche tu alla 25ª Giornata Nazionale della Colletta Alimentare per aiutare chi è in difficoltà. Puoi farlo in 2 modi: fai la spesa nei supermercati aderenti oppure acquista fino al 5 dicembre, in cassa o online, una card da 2€, 5€ o 10€.

• www.colletta.bancoalimentare.it/significato-della-giornata より

語彙

recuperare (=ricuperare) [他] 回収する、廃品などを再利用する／**eccedenza** [女] 超過、余り／**struttura** [女] 構造、仕組み、組織／**caritativo** [形] 慈善の／**in presenza ...** と向かい合って、対面で／**colletta** [女] 募金、募金などを集めること／**gesto** [男] ジェスチャー、行動／**concreto** [形] 具体的な、明確な

文法

　「11」よりも大きな数の序数は、基本的に「基数＋esimo」で作ることができます。25esimo はventicinquesmo「25番目の」の意味で用い、25°のようにアルファベットを右上付きで記すこともあります。また、本文のようにgiornataやedizioneの女性名詞を修飾する場合には、25ªのように右上付き文字にも女性単数形のaを使います。

＊チラシの25°COLLETTA ALIMENTAREは文字をデザインの一部として取り込んでいるため、25°と男性・単数形となっています。

25年来イタリアで最も多くの人が参加してきたチャリティーイベント

食品寄付収集の日とは？

　毎日Banco Alimentareは余った食料品を回収して、生活に貧窮している人々に食事や食料品を提供する慈善事業団体に提供しています。この多忙な通常事業に加えて、Banco Alimentareは毎年11月最終土曜日に、全国食品寄付収集の日を設けています。

　25回目を迎える2021年の食品寄付収集は、対面（店舗で）とオンラインで行なわれます。そして、チャリティーカードによって、全国食品寄付収集の日である11月27日のみではなく、続く28日から12月5日まで寄付することが可能になります。

チラシ

第25回 食品寄付収集の日

具体的な行動を取ろう　　あなたも困っている人を助けるために、第25回全国食品寄付収集の日に参加してください。（参加するには）2つの方法があります。提携しているスーパーマーケットで買い物をするか、12月5日までにスーパーのレジまたはオンラインで2€, 5€ または 10€のカードをお買い求めください。

09 家族とマンマ

　多くのイタリア人が自分たちの特徴として一番に挙げるのが「家族との絆の強さ」だそうです。現在はイタリアでも核家族化が進み、仕事や勉強のために家族から離れて暮らしている人が少なくありません。遠くに住んでいてもmamma（お母さん、マンマ）と頻繁に連絡を取り合ってこまごまとした日々の悩みを打ち明ける人は多いですし、ことあるごとに家族、親族で食卓を囲みmamma、またはnonna（おばあちゃん）が腕を振るった料理に舌鼓を打つという伝統は、多くの家庭でほとんど宗教的な儀式であるかのように大切に守られています。

　famiglia（家族）は、いつもありのままの自分を受け入れてくれるイタリアの人たちの心の拠り所です。小さいころから一緒に遊んだり、洋服のお下がりをもらったり。お父さんに宿題を手伝ってもらったり、親戚の紹介で初めての仕事を見つけたり。「私のnonnaが作る伝統料理は世界一」と豪語する人のいかに多いことか。

　家族の中でも特にmammaは、常に子供たちの身の回りを整え、美味しい食事をたっぷり用意し、1から10までいろいろと世話を焼くので時にはうるさがられながらも、献身的で無償の愛と、人生について心からの助言を与えてくれる、実に頼もしい存在です。ですから、自分の母親への特別な愛着を隠そうとする人はいません。

　mammone（マンモーネ）という言葉があります。母親離れができない息子を表す言葉ですが、男女にかかわらず、学業を終えてからも独立せずに居心地のよい実家に残る若者の数はイタリアがヨーロッパで最も多く、社会問題として話題に上ることもあります。しかし、イタリアの偉大なマンマたちの名誉のために言えば、若者の経済的独立の遅れには就職難や家賃の高騰など他の要素も少なからず絡んでおり、必ずしも「過保護な家族」のせいではないのです。

　マンマへの愛をおおらかに歌った、有名なカンツォーネをご紹介しましょう。

読んでみよう

Mamma, son tanto felice
Perché ritorno da te
La mia canzone ti dice
Che è il più bel giorno per me
Mamma, son tanto felice
Viver lontano perché?
Mamma, solo per te la mia canzone vola
Mamma, sarai con me, tu non sarai più sola

Quanto ti voglio bene
Queste parole d'amore
Che ti sospira il mio cuore
Forse non s'usano più
Mamma, ma la canzone mia più bella sei tu
Sei tu la vita
E per la vita non ti lascio mai più

文法

　歌の歌詞カードなどでは、文章が終わっていなくても、行頭を大文字で書くことがあります。これは、楽譜などで見た時に「ここが詩句の始まり」とすぐに分かる利点があります。ただ、外国語としてイタリア語を歌う私たちにとっては文のつながりを忘れないようにしたいものです。

　この歌は「マンマ」に語りかける内容なので、Mamma が呼びかけであることを意識しましょう。マンマの後ろに付けられた句読点ヴィルゴラ「,」も見逃さないようにしましょう。

Mamma, son tanto felice 「母さん、僕はとても幸福だ」

　次のフレーズでは主語がなかなか示されないために文全体の仕組みが摑みづらいかもしれません。このような長いフレーズでは、歌のメロディーも息の長いフレーズが求められることが多いので注意してください。

Queste parole d'amore	(Che ti sospira il mio cuore)	Forse **non s'usano più**
主語	関係詞節	動詞
「これらの愛の言葉が」	(さらに説明)	「もう使われることはない」
↓		

僕の心が（あなたに）ささやくこんな愛の言葉はもう時代遅れなのかもしれないけれど

訳例

母さん（マンマ）、とっても嬉しいよ
あなたの元に帰るのだから。
僕の歌は、今日が僕にとって最良の日であると
あなたに言っている。

母さん、僕はとても幸福だ。

どうして遠く離れて暮らせようか。

マンマ、僕の歌はあなただけに飛んでいく

マンマ、僕が傍にいる、もう独りぼっちではないよ。

どんなにあなたを恋しく思っていることか。

僕の心がささやく

こんな愛の言葉は

もう時代遅れなのかもしれないけれど

マンマ、あなたこそが僕の最も美しい音楽なのだ。

僕の命そのもの、

もう一生離れないよ。

解説

　「マンマ」は、1940年C.A.ビクシオ（Cesare Andrea Bixio）の作曲で、1941年G.ブリニョーネ（Guido Brignone）監督の同名の映画に使われた歌です。主演の名テノール、ベニアミーノ・ジーリ（Beniamino Gigli）によって歌われました。遠くに住む、かけがえのない母親に再会する喜びを素直に歌うこの曲は、第二次世界大戦で戦地に赴いた兵士たち（とその母親たち）の心に響き、世界中で大成功を収めました。イタリアカンツォーネの名曲として1958年のクラウディオ・ヴィッラ（Claudio Villa）をはじめ、ジャンルを問わずさまざまな歌手たちに歌い継がれてきました。イタリアでは誰もがサビの部分を歌えるほどポピュラーな曲です。恋人以外の家族や身内に対する愛情をストレートに言葉にする習慣のない私たちは、この熱烈な愛の言葉に少しびっくりしてしまいますね。

関連語彙

papà パパ、お父さん／ **nonno** 祖父／ **zio/a** 叔父／叔母／ **cugino/a** 従弟／従妹／ **prozio/a** 大叔父／大叔母／ **bisnonno/a** 曾祖父／曾祖母／ **fratello** 兄または弟／ **sorella** 姉または妹／ **marito** 夫／ **moglie** 妻／ **suocero/a** 義父／義母／ **cognato/a** 義兄弟／義姉妹／ **genero** 娘の夫／ **nuora** 息子の妻

10 故郷への愛

　世界中の多くの人たちが自分の生まれ育った場所（故郷）を愛するでしょう。もちろん、嫌な思い出がある場合にはその記憶とともに忘れ去りたいと思うこともあるでしょう。イタリアでは、「campanilismo 郷土愛、お国自慢」といった単語も使われますが、ここでは少し違った角度から見てみましょう。

　ここで読むイタリア語の文章は、シチリアの学校で取り入れられているプロジェクトのひとつを紹介しています。生まれ育った土地について深く知ることによってみずからのバックグラウンドである土地文化を自覚し、自分自身を知ることにつながる。そして、その土地に対しての一般的な偏ったイメージから解放できるような発信をしていこう、という活動です。

ジェノヴァ近郊（ネルヴィ）から見たリグーリア海

読んでみよう

Amare la propria terra significa avere la voglia di ricostruire giorno dopo giorno il suo passato per scoprire il suo presente e programmare il suo futuro. Significa arricchirsi continuamente e dare senso a ogni identificazione. Amare il posto in cui si è nati è ricercare ciò che si è; è valorizzare e far emergere la bellezza che naturalmente circonda il proprio territorio; è dare voce alla voglia di cultura, di curiosità, di meraviglia che si possiede, è dimostrare ciò che rende capaci di portare al mondo intero la vera essenza di sé stessi, delle proprie tradizioni, del proprio modo di essere, della propria stessa vita.

E'anche viaggiare con la consapevolezza non solo di arricchirsi ma anche di valorizzare il mondo mescolando le diverse idee, i differenti modi di essere, gli ineguali stili di vita, le differenti opinioni, sogni e pensieri, con l'obiettivo di confrontarsi, scoprirsi, ricercarsi per dar senso a ciò che siamo stati e quindi a ciò che saremo.

L'uomo da sempre inventa, crea, distrugge, sogna, spera, compone, cancella, produce ma anche rovina; l'uomo, quando vuole, è capace di cambiare il mondo, di stravolgere le situazioni, di dare forma alle sue emozioni; l'uomo si muove, conosce, cresce, non dimentica, non ignora, l'uomo, ma quello vero, insomma, si pone domande, vive alla ricerca della realizzazione, cerca la sua completezza nella sua origine, nella storia del suo percorso, nel suo passato e soprattutto in ciò che ha contribuito a fare di lui quello che è adesso. Ma per fare degnamente tutto ciò l'uomo deve necessariamente ricordare, rammentare, citare, commemorare, dare luce al suo pensiero.

• HP『新聞売り Lo Strillone』掲載の F. Conte 執筆記事より

https://www.liceoreginamargherita.edu.it/lo_strillone/2011/politica_scuola/amare_la_propria_terra.htm

語彙

avere voglia di …がしたい／**ricostruire** [他] 再現する／**giorno dopo giorno** 日増しに、日を追って／**arricchirsi** [代動] 豊かになる／**far emergere**（fare の使役表現で）浮かび上がらせる、際立たせる／**stravolgere** [他] 曲解する（都合のいいように解釈する）／**ignorare** [他] 無視する／**porsi domande**（自分に）問いかける／**completezza** [女] 完全、完成度／**contribuire** [自]〈a …に〉貢献する／**degnamente** [副] ふさわしく、立派に

冒頭の文 Amare la propria terra significa avere la voglia di ricostruire giorno dopo giorno il suo passato per scoprire il suo presente e programmare il suo futuro を見てみましょう。

●主語：Amare la propria terra
●他動詞：significa
●直接目的語：avere la voglia (di ricostruire giorno dopo giorno il suo passato per scoprire il suo presente e programmare il suo futuro)

　長い文ですが構造はシンプルなので骨格をしっかり摑んでから訳していきましょう。次に続く文も significa... で始まるので同じ形です。主語が同じなので省略していることがわかれば問題ありません。

　43ページ1行目の Amare から始まる文は非常に手強いですね。まず「プント・エ・ヴィルゴラ（；）」の部分で3つに区切ってみましょう。

① Amare il posto in cui si è nati è ricercare ciò che si è;

② è valorizzare e far emergere la bellezza che naturalmente circonda il proprio territorio;

③ è dare voce alla voglia di cultura, di curiosità, di meraviglia che si possiede, è dimostrare ciò che rende capaci di portare al mondo intero la vera essenza di sé stessi, delle proprie tradizioni, del proprio modo di essere, della propria stessa vita.

① Amare il posto in cui si è nati è ricercare ciò che si è;

　ここでは関係代名詞 in cui があるので「si è nati 生まれた」は先行詞 il posto を説明する部分。つまり、「（人が）生まれた場所を愛することは」となり、ここが①のフレーズの主語です。述語動詞は è なので、『生まれた場所を愛することは、「ricercare ciò そのことを探すこと」である』となります（che si è は先行詞 ciò を説明する部分）。

　このような関係代名詞で説明をどんどん加えていく文章では、日本語に訳した文章がしっくりくる・こないのように、訳した日本語で判断するのではなく、文の形をしっかりと摑むことがとても重要です。また、この文章では、広く一般的な内容で——読者全員に広く当てはまるように——語られているので、非人称の si（3人称単数）の表現がたびたび使われます。

② è valorizzare e far emergere la bellezza che naturalmente circonda il proprio territorio;

　この部分の主語が明示されていませんが、これは①の部分の主語と同じだからです。なので、「生まれた場所を愛することは」「ricercare」「valorizzare」「far emergere」することである、の形が見えると訳せるでしょう。

③<u>è dare</u> voce alla voglia di cultura, di curiosità, di meraviglia che si possiede, <u>è dimostrare</u> ciò che rende capaci di portare al mondo intero la vera essenza di sé stessi, delle proprie tradizioni, del proprio modo di essere, della propria stessa vita.

　さらにこの部分も①の主語と同じ「生まれた場所を愛すること」を主語とする表現になっています。この述語補語となる「è 不定詞」の部分が2箇所ある点に気づけると構文把握が楽になります。なので、主語は「è dare voce 言葉にして表現すること」、そして「è dimostrare ciò それを提示すること」という形になっています。

　このように一見、どこから手をつけたらよいのかわからない文章であっても、絡まった糸を少しずつ解くようにすれば解決の糸口が見えてくるので、諦めずにコツコツ取り組んでいきましょう。

訳例

　自分の故郷を愛するということは、すなわち過去の一日一日を振り返ることによって自分の現在を認識し、未来を計画したいと思うことである。それはすなわち、常に自ら（の内面）をより豊かにして、すべての発見に意味を持たせることだ。自分が生まれた場所を愛するということは、自分が何者であるかの探究であり、自分の故郷の周囲に元来存在する美を活かし、際立たせることである。それは、その場所が持つ文化、興味深いエピソードや素晴らしい遺跡に触れる欲求を言葉にして表現することである。自分自身を、受け継いだ伝統を、自分の考え方、そして、人生そのものの本質を世界中に示す力の源が何なのかを提示することである。

　それ（故郷を愛すること）はまた、自分の知識や経験を豊かにするためだけではなく、さまざまな思想や生き方、異なったライフスタイル、意見、夢や想いが混ぜ合わさることで世界全体をよりよくするという自覚をもって旅に出ることでもある。お互いを比較し、発見し、互いに研究することによって過去の自分、そして未来の自分に意味を持たせることができるであろう。

　人類は常に発明し、創造しては破壊し、夢を見て、期待して、組み立てては消去して、製造しては滅ぼしてきた。人間はその気になれば、世界を変えることができる。それまでの状況をひっくり返して自らの思いを具現化することができるのだ。人間は行動し、知識を得て、成長する。忘れたり、見て見ぬふりをしたりはしない。要するに真の人間は、問いかけ、成就のための努力を怠らず、自身の（人としての）完成をその原点、つまり彼の成長の過程、過去、そして何よりも彼を現在の彼自身に成長させた要素の中に見出そうとする。しかしこれらすべてのことを立派にやってのけるためには、人はどうしても記憶を呼び起こし、過去の言葉を引用し、（過去の）記憶を尊重し、その思考に光を当てる必要があるのだ。

11 イタリア語の成り立ち

読んでみよう

L'italiano deriva dal latino, che parlavano gli antichi Romani. Nel corso dei secoli Roma <u>conquistò</u> tutta l'Italia e buona parte dell'Europa e <u>impose</u> ovunque la propria lingua.

Quando l'impero romano <u>crollò</u>, <u>la lingua parlata e quella scritta</u> <u>fecero</u> percorsi diversi.

La lingua scritta <u>venne usata</u> nelle opere letterarie e nei documenti ufficiali, e <u>rimase</u> quasi immutata nel tempo. La lingua parlata dal popolo, chiamata volgare (da *vulgus* = popolo), <u>si modificò</u> lentamente, <u>mescolandosi</u> con i dialetti delle popolazioni conquistate dai Romani. Per queste ragioni:

- la maggior parte delle parole italiane di uso comune deriva dal latino parlato, attraverso una lenta trasformazione (*sidus, sideris → stella*);
- alcune parole italiane più rare sono state riprese dal latino scritto (*sidereus → siderale*).

• Francesca Fortunato 著『Un libro nel cuore 5』「*La nascita della lingua italiana*」より

語彙

derivare［自］〈da〉～に由来する／**nel corso dei secoli** 数世紀にわたる流れの中で／**buona parte** 大部分／**ovunque**［副］至る所に／**proprio**［形］自分自身の／**percorso**［男］行程、進路／**opera**［女］作品／**immutato**［形］（過分）不変の／**volgare**［男］（ラテン語に対しての）俗語／**dialetto**［男］方言／**popolazione**［女］人間集団／**ragione**［女］理由／**la maggior parte** 大部分／**parole di uso comune** 日常使用されている言葉／**trasformazione**［女］変形、変化／**raro**［形］まれな

辞書を引いてみよう

　8行目のmescolandosiは再帰動詞mescolarsiのジェルンディオの形です。mescolandoに再帰代名詞siを付けたもので、ジェルンディオの語尾にくっつけて一語で綴ります。発音に関しては、母音に挟まれたsであっても絶対に濁らずに発音します。

文法

このイタリア語の成り立ちを語る本文の中では遠過去が頻繁に使われています。以下の動詞の「不定詞」と「人称・数」を考えてみましょう。[解答は欄外]

1) conquistò   →   2) impose   →

3) crollò   →   4) fecero   →

5) venne usata   →   6) rimase   →

7) si modificò   →

4行目の la lingua parlata e quella scritta の意味は「口語と文語」ですが、同じ名詞 lingua を繰り返さないために、後者では quella を使っています。

訳例

イタリア語は、古代ローマ人が話していたラテン語に由来します。ローマ（訳注：帝国）は数世紀に亘ってイタリア全土とヨーロッパの大部分を制覇して、全領土で自分たちの言語（訳注:の使用）を強制しました。

ローマ帝国が崩壊してからは、口語と文語はそれぞれ違う道を辿ることになります。文語は文学作品や正式な書類に使われ、時を経てもほとんど変化しませんでした。民衆によって使われた話し言葉である口語は、（民衆を表す vulgus から）ヴォルガーレ volgare と呼ばれますが、ローマ人に征服された原地民の方言と混ざり合いながら少しずつ変化を遂げていきました。

このことから：

＊通常よく使われるイタリア語の大部分はラテン語の話し言葉から派生して、ゆっくりと変化してきた言葉である。例（*sidus, sideris* → *stella* 星）

＊あまり使われない言葉のいくつかは、ラテン語の書き言葉から取られたものである。

　例（*sidereus* → *siderale* 星の、恒星の）

---

12 ｜イタリア語と方言

イタリアを旅行すると共通言語のイタリア語だけでなく、各地に根付いた言葉を耳にすることがあるでしょう。いわゆる「方言」と言われるロンバルディア地方の言葉、シチリアの言葉、（プロヴァンス地方）オクシタンの言葉から、アルバニア語やラディン語まで、多様なことばがイタリア各地で話されています。

学校では英語などの外国語を——主にその有用性のため——学びますが、実はイタリア人のおよそ半数はイタリア語に加えて「方言」という別の言葉を操ることができるバイリンガルなのです。語彙やイントネーションの違いだけでなく完全な別言語と言えるような文法構造を持つものまであるので、実際に現地に足を運んで、もしくは映画やYouTubeなどの動画などを通じて、さまざまな方言に触れてみてはいかがでしょうか。

ボローニャ方言の手書きPOP「プロシュットは元気な子を作る」

読んでみよう

Che si tratti di quello campano o di quello ligure, una delle differenze principali del dialetto rispetto all'italiano è <u>che viene perlopiù parlato invece che</u> essere scritto e <u>che</u> si usa soltanto in un'area geografica ristretta.

Per il resto, però, secondo i linguisti (cioè gli esperti che studiano come funziona e si evolve una lingua) i dialetti sono vere e proprie lingue, che non hanno nulla da invidiare a quella ufficiale. Del resto, anche l'italiano che parliamo tutti i giorni, in origine, non era altro che... un dialetto: quello fiorentino usato dalle persone più colte e istruite (e da Dante nella Divina Commedia). Ma allora come ha fatto a diventare la nostra lingua?

Più di 150 anni fa, dopo l'unificazione d'Italia avvenuta il 17 marzo <u>1861</u>, la maggior parte degli italiani (circa il 90%) ... non parlava italiano! Grazie all'introduzione dell'obbligo scolastico fino ai 9 anni nel <u>1877</u>, le cose iniziarono lentamente a cambiare e <u>molti</u> cominciarono a usare un mix di dialetto e italiano, soprattutto nelle situazioni "ufficiali", ad esempio per parlare con medici, preti, funzionari pubblici che spesso venivano da altre regioni.

Ma è solo grazie alla diffusione prima della radio e poi della tv <u>negli anni '50,</u> che l'italiano ha iniziato a diffondersi e a essere conosciuto e usato da tutti. Tanto che, dagli anni '60, quando l'Italia visse il suo boom economico, il dialetto cominciò ad essere considerato come una ˋlingua di serie Bʹ, che soltanto le persone ignoranti e rozze utilizzavano.

● F. Piccinni 著「*Dialetto e italiano*」より

　https://www.focusjunior.it/scuola/italiano/litalia-parlata-scopriamo-il-dialetto/

語彙

campano [形] カンパーニア州の／ **ligure** [形] リグーリア州の ／ **principale** [形] 主要な、主な／ **dialetto** [男] 方言／ **perlopiù** [副] たいてい／ **per il resto** しかし、その一方で ／ **secondo** [前] …によれば／ **linguista** [名] 言語学者／ **esperto** [男] 専門家／ **lingua** [女] 言語／ **del resto** だがしかし／ **non era altro che** …にほかならなかった／ **fiorentino** [形] フィレンツェの／ **usato** [過分] 使われた／ **colto** [形] 教養のある／ **istruito** [過分] 教育を受けた、学識のある／ **allora** [副] それでは／ **unificazione** [女] 統一／ **avvenuto** [過分] 起こった／ **introduzione** [女] 導入／ **obbligo** [男] 義務／ **cosa** [女] 事柄、事態／ **situazione** [女] 状況／

prete［男］（カトリックの）司祭／**funzionario pubblico** 公務員／**regione**［女］州／**grazie a** …のおかげで／**diffusione**［女］普及／**prima... poi...** 最初は〜後に〜／**boom economico** 経済成長／**ignorante**［形］無知な／**rozzo**［形］粗野な、無教養な

　2行目のviene perlopiù parlatoは、副詞perlopiùが間に用いられていますが、「助動詞 venire」を使った受動態です。その前後のche... invece che〜（〜ではなくて…である）の形も見 つけることができましたか。さらにe che...と続くのでちょっと複雑に感じるかもしれません。 このような形の場合、invece che...の部分を括弧に括りche viene perlopiù parlato（invece che essere scritto）e che si usaとすることで、che... e che...の並列の形が捉えやすくなります。

　3段落目の年号1861と1877はそれぞれmilleottocentosessantuno,milleottocentosettanta- sette、比率を表すパーセント「%」はper centoと読みます。同段落の4行目moltiは不定代名 詞（複数形）は「多くの人々」の意味で使われます。

　4段落目のgli anni '50は「1950年代」を表します。下2桁の数字を「sessanta（'60）」とすれば 「1960年代」になります。

　カンパーニア方言であろうと、リグーリア方言であろうと、方言がイタリア語と最も大きく違 う要素の一つは、書き言葉ではなくて大抵話し言葉として使われるということ、そしてごく限ら れた範囲の地域で使われるということです。

　しかしそれを除けば、言語学者たち（つまり言語がどのようにして機能し、発展していくかを研究す る専門家たち）によると、方言も正式なイタリア語に劣らない一つの立派な言語なのです。もっとも、 私たちが毎日話しているイタリア語も、元をただせば方言の一つ…フィレンツェの教養ある人々 や学識者たちが話していた（そしてダンテが「神曲」の中で使った）フィレンツェ方言でした。では、（そ のフィレンツェ方言が）どうやって私たちの言葉になったのでしょうか。

　150年以上前、1861年3月17日に起こったイタリア統一の後、ほとんどのイタリア人（約90%） は…イタリア語を話していませんでした！ 1877年に9歳までの義務教育制度が導入されたことに よって少しずつ変化が起こり、多くの人々が方言にイタリア語を混ぜて話すようになりました。 特に「改まった」状況、例えば他の地方からやってくることが多い医師や神父、役人などと話す時 には（イタリア語が）使われました。

　しかし、イタリア語が広まり始め、皆に知られて使われるようになったのは、初めにラジオが、 そして1950年代にテレビが普及した後になってやっと、のことです。そしてイタリアが急激な経 済成長期を迎えた60年代以降には、方言は教養のない、粗野な人たちだけが話す「二級の言語」 とまで考えられるようになってしまいました。

13 共生社会：障碍者とのかかわり

　障碍者の社会参加や雇用という課題には、日本と同様、イタリアでもさまざまな取り組みが行なわれています。しかし、いまだ根強い偏見や雇用システムの確立の遅れなどが原因で、なんらかの仕事をする能力がある障碍者15歳から64歳のうち、約35％しか仕事に就けていないのが現状です。この数字はEU内の平均50％以上と比べると残念ながらかなり低い数字です。一人でも多くの人が身体や精神的なハンディキャップにかかわらず、それぞれの特性を活かした仕事を持ち、自立した一市民としての尊厳を得られるようになるには、まだまだ模索が必要なのかもしれません。

　以下の新聞記事は、ボローニャの、ダウン症の若者たちを支援する団体によるひとつの取り組みを紹介しています。

（参照資料：「il Fatto Quotidiano」2021年5月1日版 Renato La Cara の記事）

読んでみよう

　Ci sono persone che nascono con qualcosa in più: nel caso di Elena Roda, si tratta di un cromosoma e di uno spiccato senso estetico. Una dote, quest'ultima, che è emersa immediatamente, durante i laboratori del progetto Cuorarreda, che ha coinvolto i giovani con sindrome di Down che fanno parte della grande famiglia bolognese dell'Associazione d'iDee. Questi sperimentano la propria autonomia trascorrendo alcuni periodi di convivenza nella "Casa delle iDee", durante i quali pensano a tutto, dalla spesa alle pulizie. Poi, qualche mese fa, si sono messi alla prova inaugurando il bed&breakfast "La via delle idee". Ora, si aggiunge un altro tassello al loro importante percorso di inserimento sociale e di valorizzazione delle competenze. [...]

　Ha inaugurato a Bologna, infatti, Cuorarreda, a metà tra il negozio di fiori e la bottega artigiana: si trova proprio sotto i celebri portici, divenuti da poco Patrimonio dell'Unesco.

[...]

　Elena Roda, 36 anni e impegnata nell'associazione dal 2003, si è subito fatta notare per il suo raffinato gusto estetico. Da qualche giorno, insieme alla sua mentore, è l'abile padrona di casa del negozio fisico Cuorarreda. Senza alcuna timidezza accoglie i clienti e gli ospiti, che entrano per curiosare. La ragazza ci sa fare, col pubblico: alle spalle ha già l'esperienza di uno stage a Fico (il parco alimentare di Eataly) e dell'accoglienza degli ospiti del b&b. Illustra con disinvoltura le caratteristiche delle fresie, i suoi fiori preferiti, assembla con maestria una composizione e sogna di poter tenere, in negozio, laboratori per bambini, che ama quanto le piante. [...]

Per ora, quello di Elena sarà un tirocinio di 20 ore a settimana, con la prospettiva di un'assunzione a tutti gli effetti: «Ogni ragazzo può dare il suo contributo e riuscire bene in un ambito professionale, se è quello giusto. Superiamo il pregiudizio del "lavoretto" e concentriamoci nell'inclusione vera», osserva la presidente Rosanna De Sanctis. Elena annuisce, sorride e fa entrare il prossimo cliente.

- （Avvenire Il gusto della ragazza Down nella bottega di fiori e arredi（avvenire.it）di Chiara Pazzaglia 22/02/2022）より（一部省略）

語彙

si tratta di（非人称）…のことである／**spiccato**［形］際立った、明らかな／**dote**［女］天分、才能／**laboratorio**［男］ラボラトリー、研究所／**autonomia**［女］自主、独立／**mettersi alla prova** 挑戦する／**inserimento**［男］仲間入りすること、組み込まれること／**mentore**［男］優れた指導者、よき助言者／**curiosare**［自］好奇心を抱く、覗き見る／**saperci fare** 有能だ、どんな場合でもうまく切り抜ける／**disinvoltura**［女］気おくれのなさ、態度の自然さ／**composizione**［女］組み立て、組み合わせ／**prospettiva**［女］見込み／**a tutti gli effetti** どこから見ても、文句のつけようがない／**contributo**［男］貢献、寄与／**ambito professionale** 仕事場

辞書を引いてみよう

　Associazione d'iDee の部分は大文字で記されていることから固有名詞だと推測できます。また idee（idea の複数）の「D」をあえて大文字にしていることからも団体名に込められた意味があることが窺えます。直訳すれば「アイデアの会」となりますが、そのまま訳さずに「ディデー・アソシエーション」のまま残して文を読み進めるとよいでしょう。

　最後から8行目の composizione (di fiori) は「フラワーアレンジメント」の意味で使われています。

文法

51ページの9〜10行目Ora, si aggiunge un altro tassello al loro importante percorso di inserimento sociale e di valorizzazione delle competenze.は、文の構造としてはシンプルで、直訳すれば「un altro tassello もうひとつ別のタイル（モザイク床のはめ石）」が「il loro importante percorso di inserimento sociale e di valorizzazione delle competenze 彼らの社会参加と、能力を有効活用するための重要な行程」に「si aggiunge 加えられる」となります。訳例では「大切な行程にピースを加えようとする」と意訳しています。

第3段落のDa qualche giorno, insieme alla sua mentore, è l'abile padrona di casa del negozio fisico Cuorarreda.にあるinsieme alla sua mentoreは直訳だと「彼女の指導員と一緒に」となります。「一緒に」というのは最終的な店の責任者として監督・指導するとともに彼女の自立をサポートするといった意味合いがあるので、それを踏まえた訳文を考えてみましょう。

最後の段落のquello di Elenaでは指示代名詞quelloが指しているものを意識すると文意を見失うことがないでしょう。直接指し示す男性・単数の名詞が見つけられないものの、前後関係から「エレナのそれ」が「立場、役割」といったものを指していることが理解できるので、訳文では補ってよいでしょう。またそれに続く、デ・サンクティスさんの言葉「Ogni ragazzo può dare il suo contributo e riuscire bene in un ambito professionale, se è quello giusto. Superiamo il pregiudizio del "lavoretto" e concentriamoci nell'inclusione vera」の部分は自然な訳文にするには工夫が必要でしょう。2つの文を細かく見ていくと以下のようになります。

① **Ogni ragazzo può dare il suo contributo e riuscire bene in un ambito professionale, se è quello giusto.**

文頭から順に見ていくと、主語ogni ragazzo、動詞può dare、直接目的語il suo contributoです。続くe riuscireはその前の補助動詞puòと繋がっています。ですから、「あらゆる少年は自分の力を与え、（職業環境においてin un ambito professionale）上手にやり遂げることができる」となります。後続する下線部は「それが正しければ」という条件を示した部分です。

② **Superiamo il pregiudizio del "lavoretto" e concentriamoci nell'inclusione vera.**

この文は、「il pregiudizio 先入観」を「superiamo（私たちは）乗り越える」のですが、「del "lavoretto" 小さな仕事といった」先入観を抱くこと（間違い）を犯さないようにするといった意味合いになります。そして、「nell'inclusione vera 真のインクルーシブに」私たちは「concentriamoci 互いに集中しましょう（目指しましょう）」と締めくくっています。

訳例

（普通の人と比べて）何かを余分に授かって生まれてくる人たちがいる。エレナ・ローダの場合は染色体を一つ、そしてずば抜けた美的センスだ。この後者、彼女の生まれながらの才能は、「クオラッレーダ」プロジェクトのラボラトリーですぐに頭角をあらわした。このプロジェクトには、ボローニャの大きな団体「ディデー・アソシエーション」に所属するダウン症の若者たちが参加し

ていた。彼らはある一定の期間「イデーの家」で共同生活を送り、自立した生活を実体験する。その期間中は買い物から掃除まで、すべてを自分たちでやりくりしなければならない。そして数か月前には、B&B（朝食付き宿泊施設）「イデーの道」の開業という挑戦に出た。今、彼らは（それぞれの）資質を活かして一般社会に出るという大切な行程（のパズル）にもう一つのピースを加えようとしている 。[中略]

　事実、生花店兼職人の工房のような店、「クオラッレーダ」がボローニャに開店した。まさに、最近ユネスコの文化遺産になった有名なポルティコ（アーケード）の下に店を構えたのだ。[中略]

　36歳のエレナ・ローダは2003年からアソシエーションで活動しているが、その洗練された美的センスで早くから目立っていた。数日前から、彼女の指導員の協力のもと、彼女はクオラッレーダ路面店の有能な女店主となった。（彼女は）まったく物怖じする様子もなく、店をのぞきに来た客を迎え入れる。この子はなかなか客扱いの要領を心得ている。過去にはもう、FICO（ボローニャにあるイータリーの食品テーマパーク）での研修と、B&Bでの接客を経験しているのだ。慣れた様子で彼女のお気に入りの花であるフリージアの特性を説明し、見事な花束を作る。そして、植物と同じくらい好きな子供たちのために、店でワークショップを開くことを夢見ている。[中略]

　今のところ、エレナのそれは週に20時間の見習いという立場で、（将来的には）正真正銘の雇用が見込まれている。「どんな子でも仕事場で、そこがその子にとって適正であれば、彼なりの能力を発揮し、よい結果を出すことができます。私たちは、「簡単な仕事」しかできない、という偏見を乗り越え、本当の意味での社会参加を（集中して）目指します」（アソシエーションの）会長、ロザンナ・デ・サンクティスが言う。

　エレナはその言葉にうなずき、微笑んでから、次のお客さんを店に招き入れた。

14 いじめ、それは人権侵害

bullismoは名詞bulloから派生したことばで、「(子供の)乱暴、暴力」を指します。「いじめ」と訳されることもありますが、イタリア語で定義するとその本質がよりはっきり認識できると思います。伊伊辞典 *Devoto-Oli 2013* によれば、

> 能力や力量を虚勢を張って誇示すること。自らの存在を陳腐で不愉快、危険な方法で際立たせようとすること。それは時折、攻撃的で暴力的な振る舞いとなる。

と定義されています。また、子供のおふざけではなく、人権の冒瀆だという意識の共有が目指されています。

外国でも同じような問題がある場合に、日本語に訳してみることで、原文の意味や問題点だけでなく、私たちの解決すべき問題の方法がよりはっきりと把握できることが少なくありません。イタリア語を学ぶことで日本語にも敏感になれるとよいですね。

「いじめはジョークではない、人権の冒瀆だ」というアムネスティのキャンペーン
https://www.vociperlaliberta より

読んでみよう

Gravi episodi di violenza ma anche umiliazioni e soprusi.
Aggressioni fisiche e verbali tra giovani nelle scuole, nelle piazze, nei luoghi di ritrovo.
Il cosiddetto fenomeno del bullismo è sempre più diffuso nel nostro

Paese, come in altre nazioni, e può creare gravi disagi in chi lo subisce. <u>Non si tratta solo di atteggiamenti provocatorio di derisione ma anche di vere e proprie aggressioni, intenzionali e ripetute nel tempo, che coinvolgono soprattutto i ragazzi tra i 7 e i 18 anni.</u>

● Francesca Fortunato著『Un libro nel cuore 5』「*Bullo e bullismo*」より

ma anche... だけでなく〜も／**umiliazione**［女］侮辱／**sopruso**［男］横暴／**aggressione**［女］攻撃／**fisico**［形］身体の／**verbale**［形］言葉の／**luoghi di ritrovo** 人々の集まる所／**diffuso**［形］拡散した／**disagio**［男］居心地の悪さ、不快な思い／**subire**［他］被る／**si tratta di...** 〜にかかわる／**provocatorio**［形］挑発的な／**derisione**［女］嘲笑、愚弄／**vero e proprio**［修飾する名詞により語尾変化］正真正銘の／**intenzionale**［形］故意の／**coinvolgere**［他］巻き込む

文法

　episodioという単語はカタカナに置き換えて「エピソード」とすればおおよその訳はできるのですが、意味合いを取ることが難しいかもしれません。訳例では同義語casoから「急いで解決しなければならない、切迫した問題」の意味合いで「喫緊の課題」と意訳しています。

　最後の一文は非常に長いですが、構造が見えるとシンプルな文だということが理解できます。Non si tratta（solo）di...は非人称動詞trattarsiなので、「〜（だけ）にかかわらない」となります。次に（di）atteggiamenti provocatori o di derisioneが続きますが、さらに「だけでなく〜もma anche...と繋がるのでdi（vere e prorioe）aggressioni, intenzionali e ripetuteまでがbullismoにかかわる要因になるのです。そして、これらの要因が関係代名詞cheでさらに説明されています。

訳例

暴力のみならず侮辱と横暴さによる重大で喫緊の課題。
　学校、街なか、たまり場などで、若者たちの間に起こる身体的、言語的な攻撃。いわゆるいじめの現象は他の国々同様、私たちの国でも日々増加しており、被害者たちには深刻な心理的困窮が生じかねない。
　（それは）単なる挑発的な態度や嘲笑にとどまらず、意図的で長期に亘って繰り返し行なわれる正真正銘の攻撃でもあり、特に7歳から18歳までの若者の間に見受けられる。

15 イタリアの地名

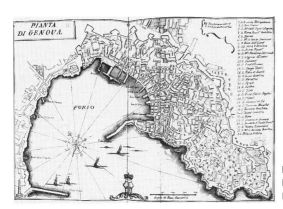

https://commons.wikimedia.org/wiki/File:Genova_-_Mappa_antica.jpg#/media/File:Genova_-_Mappa_antica.jpg

読んでみよう

STORIA E GEOGRAFIA DEI NOMI

La toponomastica studia, dal punto di vista linguistico, la storia dei nomi di luogo. Studiare la storia, cioè il modo in cui un certo nome è cambiato nel corso del tempo (*etimologia*), serve per individuare l'origine del nome, il significato più antico: quello che il nome aveva quando venne assegnato a un certo luogo. Individuare il significato originario vuol dire, spesso, capire perché quel luogo è stato denominato in quella maniera; e se si riesce a scoprire il motivo della denominazione, si ricavano informazioni molto utili sulla storia delle comunità umane che hanno abitato quel luogo e sui caratteri geografici antichi.

In alcuni casi si tratta di un'operazione quasi disperata: moltissimi nomi di luogo sono talmente antichi che derivano da lingue praticamente sconosciute; così non sappiamo, per esempio, l'origine del toponimo Roma. Oppure, può capitare che i nomi siano stati modificati in un modo tale che diventa difficile riconoscere la forma antica, il significato originario e anche il motivo della scelta del nome: per esempio, Ventimiglia sembra avere un significato chiarissimo, in italiano; invece è la deformazione del nome latino Albintimilium, che a sua volta era la 'traduzione' di un antico nome ligure che doveva significare qualcosa come «città dei Liguri Intemeli».

In molti altri casi le fonti documentarie consentono di formulare ipotesi convincenti o addirittura di trovare vere e proprie prove. Le fonti della toponomastica sono le conoscenze degli abitanti del luogo (informazioni orali), le storie locali, gli archivi, le carte geografiche e catastali. Con queste informazioni, <u>tuttavia</u>, si risale poco nel tempo: la memoria popolare, per esempio, è necessariamente piuttosto corta, appena qualche generazione. <u>Si consideri</u> che nelle regioni di antico popolamento come l'Italia una gran parte dei nomi di luogo può essere stata assegnata addirittura prima dell'uso della scrittura o almeno <u>prima che</u> a qualcuno servisse registrare un certo nome in forma scritta.

● Claudio Cerreti「toponimia」『Enciclepedia dei ragazzi』(2006) より

https://www.treccani.it/enciclopedia/toponomastica_%28Enciclopedia-dei-ragazzi%29/

語彙

toponomastica［女］地名学／ **dal punto di vista...** 〜の観点・視点から／ **etimologia**［女］語源学／ **assegnare**［他］割り当てる／ **denominare**［他］命名する／ **derivare da...** 〜に由来する／ **deformazione**［女］ゆがみ、変形／ **documentario**［形］資料の／ **consentire**［他］〈di... 〜することを〉認める／ **popolamento**［男］入植、定住／ **addirittura**［副］実に、完全に

文法

　2つ目の文の主語はStudiare la storiaです。イタリア語の主語は、主に名詞や代名詞（省略されることも少なくない）ですが、不定詞が主語となって「〜すること、〜であること」を意味することもあります（5行目にも同じパターンが出てきます）。この文の述語動詞は——ヴィルゴラ（コンマ）で挟まれた補足説明の部分の後ろにある——serve なので、「歴史を勉強することは役に立つ」というのがこの文の骨格になります。

　4行目の「：」ドゥエ・プンティ（コロン）は直前の部分を具体的に説明することを表します。文が長い場合、ここで訳文を切るとシンプルに訳出できることが多いので覚えておきましょう。

　6行目quel luogo è stato denominato in quella manieraは受動態・近過去の形です。venire ＋ 過去分詞の受動態では複合時制を取ることができないので、essere ＋ 過去分詞の形を使っています。

　2つ目の段落の3行目「；」プント・エ・ヴィルゴラは、内容がまだ切れてはいないことを示しながら、話題を続ける場合などで使われます。それに続く部分così non sappiamo, per esempio, l'origine del toponimo Roma. の「例えば per esempio」の使い方に注目してください。日本語ではこのようなつなぎの表現は文やフレーズの頭に置かれますが、イタリア語では文やフレーズの途中に挟み込んで使うことが少なくありません（3つ目のブロックでの「しかしながら tuttavia」も同様）。同じ段落の4行目può capitare che i nomi siano stati modificati in un modo の下線部は受動態・（接続法）過去の形ですが、主節の動詞 può capitare が起こりうる可能性を表す表現となっているからです。

　3つ目の段落7行目Si consideriは considerare の接続法・現在・3人称単数です。最後から2行目のprima cheは接続法を導く表現ですから覚えておきましょう。

訳例

名称の歴史と地理

　地名学は、言語学の観点から場所の名前の歴史を研究する学問です。歴史、つまりある名前が時とともにどのように変化したのかを研究すること（語源学）は、その名前の由来、一番古い意味、つまりある場所が名づけられた時に持っていた意味を突き止めるために役立ちます。（地名の）もともとの意味を究明することは、しばしば、その場所がそのように呼ばれるようになった理由の理解を意味します。そして、名前の理由がわかれば、その土地の古くからの地理的な特性や、そこに暮らした人間社会の歴史について、貴重な情報を得ることができるのです。

　時に、その作業は困難を極め、（解明は）ほぼ絶望的です。多くの地名はあまりにも古く、ほとんど実態が知られていない（古代の）言語に由来しているのです。ですから例えば、私たちはローマという地名の由来を知りません。また、もともとの古い形、本来の意味、名づけられた理由を見極めるのが非常に難しくなるほど地名が変化してしまっているというケースもあります。例えば、Ventimiglia（ヴェンティミリア）の意味は、一見明白であるように思えます。イタリア語で考えるならば（訳注：venti+miglia で「20マイル」という意味に見える）。しかし実は、これはラテン語のAlbin-timilium（アルビンティミィゥム）が変形したもので、「リグーリアのインテメーリオ人たちの町」といった意味の古代リグーリア語の名称が翻訳されたものなのです。

　他の多くのケースでは、資料や情報を基に説得力のある仮説を立てることができますし、時には（仮説を）証明する、正真正銘の証拠資料が見つかることすらあります。地名学の（に使われる）資料は、その土地に住む人々の知識（口頭伝承による情報）、その土地の歴史、古文書、地図や土地（不動産）台帳などです。しかしながら、これらの情報により遡ることができる時代はほんのわずかでしかありません。例えば、民衆の記憶というものは当然のことながらかなり限られており、せいぜい数世代前のものです。考えてもみてください、イタリアのように古くから（人間が）定住してきた地域では、大部分の地名が文字の使用すら始まっていない時代に、または少なくとも誰かがその地名を書いて記録しなければならなくなる前に名づけられているのです。

16 イタリア語の名前と苗字

外国語を勉強していると母語の響きとは異なる名前に戸惑うこともあるでしょう。マリオやマリアのように聞き慣れたものから、イニャッツィオやインマといったあまり聞き慣れないものもあると思います。苗字についても同様でたくさんの同姓がいる場合とそうでない場合があります（これは日本でも鈴木さんや田中さんが多いのと同じですね）。

以下の写真は「イタリアの名前・苗字辞典」です。この辞書の項目を読みながらイタリアの氏名の秘密について探ってみましょう。

読んでみよう

【原文①：苗字】 **Marciàno.**

Varianti: *Marzano, Marcianò, Marzanò* e Marchianò. // Diffuso nel Sud penisulare: le forme in -ò sono proprie delle zone di lingua greca della Calabria, e si estendono alla Sicilia. Ha alla base toponimi del tipo *Marciàno* o *Marzano*, comune in tutta l'Italia (nel Sud, tra i più importanti: *Marciànofréddo*, CE: *Marzano Appio*, CE e *Marzano di Nolo*, AV: *San Marzano del Sarno*, SA e *San Marzano di San Giuseppe*, TA), formati con il suffissoprediale -anum, adattato in -anò in zone suffisso greco e neogreco -anòs.

• E. De Felice 著 *Cognomi d'Italia* より

語彙

variante［女］異形／**diffuso**［過分］拡散した、普及した／**Sud**［男］南、南部（地方）／**peninsulare**［形］半島の／**forma**［女］形／**estendersi**［代動］広がる／**toponimo**［男］地名／**comune**［形］共通の／**CE**［略］（地名）カセルタ／**AV**［略］（地名）アヴェッリーノ／**SA**［略］（地名）サレルノ／**TA**［略］（地名）ターラント／**adattare**［他］合わせる／**suffisso**［男］接尾辞／**neogreco**［男］現代ギリシア

文法

　辞典・事典類では用語の解説に主眼が置かれているので、省略した表現が用いられます。そこでもやはり品詞を見分けることが文のかたちを見分けるポイントになります。また、過去分詞から原形（不定詞）を導き出す練習も効果的です。

訳例

Marciàno.（マルチャーノ）

（同じ語源を持つその他の）変形例: *Marzano*（マルツァーノ）, *Marcianò*（マルチャノ）, *Marzanò*（マルツァノ）そして *Marchianò*（マルキアノ）. // イタリア半島の南部に多く見られる。（語尾にアクセントのついた）-ò の形はカラブリアのギリシア語（の影響を受ける）地域特有のもので、（その分布は）シチリアにまで広がっている。ベースはイタリアの全国各地でありふれた地名である*Marciàno* または *Marzano* などで、（南部で主な地名は：マルチャーノ・フレッド（CE）、マルツァーノ・アッピオ（CE）とマルツァーノ・ディ・ノーロ（AV）、サン・マルツァーノ・デル・サルノ（SA）と、サン・マルツァーノ・ディ・サン・ジュゼッペ（TA））、土地の接尾辞である-anum が、（古代）ギリシア語ゾーンの接尾辞である-anò と、現代ギリシア語ゾーンの接尾辞-anòs に変化したものとともに（この苗字を）形成している。

解説

　車のナンバープレートや郵便や商品に記された住所の一部では、地名を表す「略号 sigla」が用いられることがあります。例えば、オリーヴオイルを探す時、ラベルをチェックして産地がわかればお気に入りを見つける参考になるかもしれません。

　有名な地名から少しずつ意識することで、自然に覚えていくことができます。

BO：ボローニャ、CR：クレモナ、FI：フィレンツェ、GE：ジェノヴァ、IM：インペリア、MI：ミラノ、NA：ナポリ、PA:パレルモ、SI：シエナ、SP：ラ・スペツィア、TO：トリノ、TS：トリエステ、UD：ウディネ、VA：ヴァレーゼ、VE：ヴェネツィア

【原文②：名前】Emma

F. NOMI DOPPI: *Èmma Maria*. - M. Emmo.

Ampiamente diffuso in Italia, è un nome germanico documentato dal VII secolo nelle forme *Immo*, maschile, e *Imma* e poi *Emma* femminile.L'etimo è incerto: potrebbe essere una forma assimilata di *Irmo* e *Irma*, ipocoristici di nomi composti con il primo elemento **irmin-*"grande, potente". (v. *Irma*).

• E. De Felice 著 *Nomi d'Italia* より

語彙

F.[略（femminile）] 女性名詞／**M.**[略（maschile）] 男性名詞／**nomi doppi** 複合名／**germanico**[形] ゲルマン民族の／**documentato**[過分] 資料で確認できる／**VII**（= settimo）[形]（序数）7番目の／**etimo**[男] 語の原形／**incerto**[形] 不確かな／**assimilare**[他] 一致する／**ipocoristico**[形] 愛称辞の／**elemento**[男] 要素／**v.**（=vedi）参照

訳例

Emma（エンマ）

　女. 複合名：*Èmma Maria*.（エンママリーア）– 男. Emmo（エンモ）。

　イタリアで広く使われているゲルマン系の名前で、7世紀から男性名の *Immo*（インモ）、女性名の *Imma*（インマ）と *Emma*（エンマ）の記録が残されている。

　語源は不明。おそらく、「大きい、強い」の意味を持つ *irmin-* という語を語頭に使った複合名の愛称形である *Irmo* と *Irma* の相似形である。（*Irma* の項参照）

17 愛称辞

　愛称辞とは親しみを込めて呼ぶ際、もともとの単語末に加える語尾のことです。家族や友人、ペットなどを呼ぶ際のニックネームだったり、一般名詞「ねこ」に「にゃんこ」のようなニュアンスを込めて使うこともできます。

　「大きい」「立派な」というニュアンスを込めた拡大辞（fratello - fratellone）や「小さい」「かわいい」というニュアンスを込めた縮小辞（fratello - fratellino）など、イタリア語では語尾を加えることで豊かな意味合いを単語に与えることができ、それが言葉の特徴にもなっています。詳細や規則をしっかり学びたいという方は、坂本鉄男『現代イタリア文法』白水社（新装版2009）の「変意名詞」の項を参照して見てください。

　ここでは、愛情を表す名詞（「可愛らしい」の意味を加える）を見てみましょう。

読んでみよう

Che cosa sono i vezzeggiativi?

Nella grammatica italiana il vezzeggiativo è una forma alternata di un nome. Più in particolare, i vezzeggiativi sono quei derivati di sostantivi, aggettivi, o di verbi, che connotano in modo affettuoso la parola originaria.

Come formano i vezzeggiativi?

I vezzeggiativi sono solitamente formati aggiungendo alla parola originaria i suffissi -ino, -olo, -otto, -etto, -uccio; tali suffissi dovranno essere opportunamente modificati in base al genere femminile o maschile e in base numero (singolare plurale) della parola originaria.

Fatta questa breve ma importante introduzione vediamo qual è il vezzeggiativo di gatto.

> ## Ma qual è il vezzeggiativo di gatto?
> Il vezzeggiativo di gatto è "gattuccio". Tale nome, così come accade per i vezzeggiativi, denota in modo affettuoso la parola originaria (gatto).

- HP「Chimica-online」より
  https://www.chimica-online.it/grammatica-italiana/vezzeggiativo/gatto.htm

語彙

vezzeggiativo［男］愛称辞／**connotare**［他］含意する、共示する／**formare**［他］形成する／**aggiungere**［他］付け加える／**opportunamente**［副］ちょうどいい時に、うまい具合に／**in base a...** 〜に基づいて／**denotare**［他］示す

辞書を引いてみよう

　文法用語はイタリア語でも覚えておくと便利です。例えば、品詞を表す「sostantivo, nome 名詞」「aggettivo 形容詞」「verbo 動詞」「avverbio 副詞」「preposizione 前置詞」「ariticolo 冠詞」や、性・数「maschile 男性、femminile 女性」や「singolare 単数、plurale 複数」などは早いうちに慣れておくことをお勧めします。

文法

　2つ目の質問のセクションに出てくるtali（suffissi）は前述の話題などを指して「こうした、そのような」を意味しますから、前に出てきた複数の表現を探さなければなりません。ですから、「；」プント・エ・ヴィルゴラの前に挙げられた-ino, -olo, -otto, -etto, -uccio のような接尾辞ということが分かります。同じセクション最後の行のfatta は fare の過去分詞を使った分詞構文で、直接目的語の性・数に語尾を合わせています。

訳例

愛称辞とは何ですか？

　イタリア語文法において愛称辞は、名詞の変化形の一つです。さらに詳しく言うと、愛称辞は名詞、形容詞、または動詞に由来するもので、元の言葉に愛情、愛着の意味を付け加えます。

愛称辞を作るにはどうしたらいいですか？

　愛称辞は普通、元の言葉に -ino, -olo, -otto, -etto, -uccio の語尾を付け加えて作られます。これらの語尾は、元の言葉が女性なのか男性なのか、そしてその数（単数か複数か）によって適切に変化させる必要があります。

では、この短いけれど大切な前置きをした後で、今度はgatto（猫）の愛称辞は何か、見てみましょう。

では、gattoの愛称辞は何？

　gatto（猫）の愛称辞は、gattuccio（猫ちゃん）です。この名詞は、他の愛称辞と同じように、元の言葉「猫」を、愛情を込めた表現で表しています。

補足説明

　イタリア語の豊かな表現のひとつを担う愛称辞はネイティヴの感覚が非常に反映されたものだと思います。だからこそマスターしたいところではあるのですが、豊かさゆえの使い方の難しさもあります。例えば、著者の個人的な感覚として「猫ちゃん」と聞いてパッと思い付くのはgattinoですし、語尾は似ていてもgattaccioとすれば「（嫌な感じの）ネコ」のニュアンスを表します。語尾の選択には複数の可能性がある一方で、「× gattotto」のような単語を作ることはできません。なかなか奥が深いですね。

イタリアには国の祝祭日が年間12日あります。ほとんどがキリスト教の祝日と、イタリア共和国の建国にまつわるものです。

　宗教的な意味を持つ祝祭日にはクリスマスや復活祭、被昇天の祝日などがあります。11月2日の死者の日は祭日ではありませんが、毎年この日（または前日の諸聖人の祝日）に家族や親戚のお墓参りをして故人に思いを馳せます。

　1945年イタリアをファシズムから救ったパルチザンたちを記念する解放記念日には、各地でパルチザンの追悼碑に花輪が捧げられます。そして、イタリア共和国が誕生した1946年6月2日を記念する共和国記念日には、大統領や主要な政治家たちが参加する壮麗なセレモニーが首都ローマで催されます。

1月	1日	元旦	Capodanno*
	6日	エピファニア（公現祭）	Epifania (Befana) *
2月〜3月		カーニバル（謝肉祭）	Carnevale
2月	14日	バレンタインデー	San Valentino
3月〜4月		復活祭と復活祭の月曜日	Pasqua *, Pasquetta*
3月	8日	国際女性デー	Festa della donna
	19日	父の日	Festa del papà
4月	25日	解放記念日	Festa della Libertà*
5月	1日	メーデー（労働者の日）	Festa del lavoro*
	第二日曜日	母の日	Festa della mamma
6月	2日	イタリア共和国記念日	Festa della Repubblica Italiana*
8月	15日	被昇天	Ferragosto*
11月	1日	諸聖人の日	Festa di Ognisanti*
11月	2日	死者の日（万霊節）	Festa dei morti
12月	8日	無原罪の聖母の日	Immacolata concezione*
	25日	クリスマス（降誕祭）	Natale*
	26日	聖ステファノの日	Santo Stefano*
	31日	大晦日	San Silvestro

（*が付いているものは祝祭日）

　春も盛りのメーデーには、全国各地で労働組合による会合や大規模な野外コンサートなどが催されます。もともとはアメリカが起源の国際女性デーは身近な女性にミモザの花を贈る習慣があり、とてもポピュラーなイベントです。また、同じくアメリカから伝わった母の日にはお母さんに花やプレゼントを贈る人が多いですし、最近ではハロウィンも特に子供たちの間で祝われています。

　父の日は、日本を含む多くの国々が6月に祝うのとは違い、イタリアでは3月19日の聖ジュゼッペ（イエスキリストの父であるヨセフのこと）の祝日に祝われます。この日にはお父さんに感謝の思いを伝えるとともに、ゼッポレ（zeppole）と呼ばれるシュークリームのようなお菓子を食べる習慣があります。

　また、それぞれの市で、その市の守護聖人の祝日が休日になります。例えばローマでは聖ピエトロが守護聖人なので、カトリック暦で決められた聖ピエトロの祝日である6月29日が休日になります。

関連語彙

festivo［形］祭日の、［男］祭日／**cerimonia**［女］式典、セレモニー／**commemorazione**［女］記念典、追悼祭／**patrono**［名］守護者→santo patrono＝守護聖人

カーニバルのお菓子が並んだショーウインドウ

18 謝肉祭

　イタリア語では謝肉祭をカルネヴァーレ（carnevale）と言います。Carnevaleはラテン語の carnem（肉）と、levare（取り去る）を語源に持ち、もともとは四旬節（quaresima）の始まりを意味していました。四旬節とは、キリスト教の復活祭の前の40日間、肉や卵などを食べずに節制をしてキリストの受難を思い、祈りながら心身を清めるという期間です。ですから節制をする前に肉を食べ納め、思いきり羽目を外して騒いでおこうというお祭りなわけです。

　現在、本当に肉を絶って復活祭を待つ人はほとんどいなくなりましたが、新年が明け、街角からクリスマスの装飾が外されると、ケーキ屋やパン屋のウインドウにはカルネヴァーレのお菓子が並ぶようになります。そしてカルネヴァーレが近づくにつれて小さな子供のいる家庭では、今年の仮装パーティーにはどんなコスチュームを用意しようかと頭を悩ませるのです。

　期間は四旬節の前の週の木曜日から火曜日までの6日間で、その年の復活祭の日にちに合わせて1月の末から3月初めの間になります。初日と最終日は一層賑やかで、イベントも多く、それぞれgiovedì grasso（肥えた木曜日の意）、martedì grasso（肥えた火曜日の意）と呼ばれます。

　イタリアでは全国的にさまざまなカルネヴァーレのお祭りがあります。世界的に名を馳せるヴェネツィアのマスケラ（仮面）のほかに、ヴィアレッジョ（トスカーナ州）の山車のパレード、イヴレア（ピエモンテ州）のオレンジ合戦などが有名なので、カルネヴァーレの時期を狙ってこれらの町を訪れる方も多いことでしょう。また、どんなに小さな自治体でも一度は子供たちのための仮装イベントが催されるので、期間中には全国の街角で、お気に入りのスーパーヒーローやお姫様に変身した可愛らしい子供たちの姿が見かけられます。

読んでみよう①

Carnevale è arrivato, e a Roma sono tantissimi gli eventi per adulti e per bambini in programma dal 28 febbraio al 5 marzo organizzati nei vari quartieri della Capitale e in provincia. In città è corsa al costume più bello, per partecipare a feste, sfilate in maschera e per ballare divertendosi a ritmo di musica dietro i carri allegorici coloratissimi. Che i vostri bambini e bambine scelgano di essere fate, supereroi o animali, a Roma ci sono feste per tutti i gusti, in piazza, al luna park, a teatro e perfino in un castello! Basta portare coriandoli e stelle filanti e il divertimento è assicurato. Iniziamo con la festa in maschera al 'Mondo delle Fiabe' in programma per giovedì 28 febbraio, il giorno di giovedì grasso, alle ore 17, con tanti giochi, trucca bimbi, e animazione con un imperdibile spettacolo di magia. Il 5 marzo invece, il giorno di martedì grasso si festeggia alla libreria spazio ricreativo 'C'era una volta', è con una festa in maschera di Carnevale per bambini.

- ローカル紙 fanpage.it Roma 26 FEBBRAIO 2019 記事より

語彙

quartiere［男］地域、区域／**provincia**［女］県／**sfilata**［女］練り歩くこと、行列／**carro allegorico**（謝肉祭などの）寓意的モチーフで装飾した山車／**coriandolo**［男］謝肉祭に投げ合う色とりどりの紙を丸く切り抜いた紙吹雪／**stelle filante** 色とりどりの紙リボン／**fiaba**［女］おとぎ話／**animazione**［女］生気、活気／**imperdibile**［形］逃しがたい

辞書を引いてみよう

　辞書を引いて選んだ意味が訳文にしっくり合わないと感じることがあると思います。そのような時には、自分勝手に作文するのではなく、語と語の関係をしっかりと掴んだり、単語の意味の範囲を例文・用例からイメージする練習をしましょう。

　il divertimento è assicurato の文だと、主語 il divertimento が「保証されている」という形で表現されています。il divertimento は「ciò che diverte 楽しませるそのこと」の意なので、前の文からのつながりを受けて「（e そうすれば）確実に楽しむことができる」といったニュアンスを表していることが理解できるでしょう。

　animazione や imperdibile といった単語も、辞書に記された意味から、文脈に沿った意味合いが導き出せるとよいでしょう。

　　animazione［女］生気、活気　　→　イベントを活気づける余興

　　imperdibile［形］逃しがたい　　→　必見の

文法

Che i vostri bambini e bambine scelgano di essere fate, supereroi o animali, a Roma ci sono feste per tutti i gusti, in piazza, al luna park, a teatro e perfino in un castello!

　あなたのお子さんが妖精になろうが、スーパーヒーロー、はたまた動物に変身することを選ぼうが、ローマではすべてのテイストに合ったお祭りがあります。広場で、遊園地で、劇場で、さらにはお城でも！

　Che... scelgano...の部分に注目してください。scegliere の接続法が使われているので、che は条件節「〜だとしても」を導いていると判断できます。そこから、どんな姿に変身することを選んだとしてもといった意味になるわけです。

　カーニバルがやってきました。ローマでは大人向け、子供向けのたくさんのイベントが2月28日から3月5日まで、首都（ローマ）と県内のいろいろな区域で企画されています。

　街では（みんなが）パーティーや仮装パレードに参加したり、カラフルなカーニバルの山車の後を追いながら音楽に合わせて楽しく踊ったりするための、とびきり素敵なコスチュームを選ぼうと競争しています。あなたのお子さんが妖精になろうが、スーパーヒーロー、はたまた動物に変身することを選ぼうが、ローマではすべてのテイストに合ったお祭りがあります。広場で、遊園地で、劇場で、さらにはお城でも！　紙吹雪と紙リボンを持って来えすれば、お楽しみは保証されています。

　2月28日木曜日、giovedì grassoの日の17時に「モンド・デッレ・フィアーベ（お伽の世界）」で開催される仮装パーティーで幕を開けましょう。たくさんのゲーム、キッズ・メイクコーナー（動物や妖精のメイクを施してくれるコーナー）、必見のマジックショーを含む余興が楽しめます。そして3月5日には、「チェーラ・ウナ・ヴォルタ（むかしむかし）書店」のレクリエーションコーナーでmartedì grassoのお祝いをしましょう。子供たちのための仮装パーティーが行なわれます。

　ヴェネツィアの謝肉祭で使われる"mascheraマスケラ"には、ミステリアスな魅力があります。マスケラは顔を隠すだけでなく、衣装全体も含めたキャラクターを作り上げて、なかにいる人間の性別や素性を覆い隠してしまうからです。普段の立場や身分の違いから生まれる差別を取り払い、一時の自由を思いきり楽しんだヴェネツィア人たち。伝統的なマスケラをいくつかご紹介しましょう。イタリア語の説明を読んで、どのような扮装か想像することができますか？

読んでみよう②

Tra le maschere simbolo del Carnevale c'è la Bauta, travestimento in uso esclusivamente a Venezia, composto da un mantello nero o tabarro, un tricorno nero su un volto bianco. Veniva indossata sia da uomini che da donne in quanto assicurava un completo anonimato. Infatti la particolare forma della maschera con il labbro superiore allargato e sporgente, consentiva di mangiare e bere senza doverla togliere, mentre lo spazio per il naso, molto stretto, rendeva possibile 'mascherare' anche la voce.
Altro travestimento molto utilizzato dalle donne, era quello chiamato 'Moretta', costituito da una maschera di velluto nero di forma ovale, con cappellino e veletta molto raffinati. Per indossarla era necessario reggerla

tramite un bottone tenuto in bocca e questo faceva sì che il personaggio non potesse parlare (per questo motivo era anche chiamata 'servetta muta'). Piuttosto comune era per gli uomini il costume da 'donnina popolare e sciocca'. Il travestimento si costituiva da una maschera con la sembianza da gatta, che veniva solitamente usata insieme ad una cuffietta bianca. Il personaggio si doveva atteggiare da donna del popolo: doveva parlare emettendo suoni striduli simili a miagolii. E per questo viene chiamata 'la Gnaga'.

Non mancavano poi le maschere della 'Commedia dell'Arte' tra cui i popolarissimi Arlecchino, Pantalone, Colombina…

(Evenice.it "Breve storia del Carnevale di Venezia", La Gnaga: la maschera della gatta per gli uomini - Televenezia (veneziaradiotv.it))

語彙

travestimento [男] 変装／**comporre** [他] 組み立てる、構成する／**anonimato** [男] 匿名、無名／**sporgente** [形] 突き出た／**consentire** [他] 許可する、可能にする／**costituire** (costituito da...) 構成する、形成する／**reggere** [他] 支える／**muto** [形] 無言の、だんまりの／**popolare** [形] 大衆の、庶民の／**sciocco** [形] ばかな、知恵のまわらぬ (人)／**atteggiare** [自] (顔、口、手などで) 表情をする、ポーズを作る／**emettere** [他] (音を) 出す／**stridulo** [形] 耳をつんざくような、鋭い／**miagolio** [男] 猫の鳴き声

訳例

　カーニバルのシンボルともいえるマスケラの一つに、バウタがある。この仮装はヴェネツィアでのみ使われるもので、黒いマントまたは外套、白い顔とその上の黒い三角帽子から成る。完全に身分を隠すことができるので、男性も女性も着用した。実際、幅広く前に突き出した上唇を持つ特徴的な形の仮面は取り外さなくても飲食できたし、逆に鼻の部分はごく狭いので、声色を"仮装"してごまかすことにも役立ったのだった。

　もう一つ女性たちによく使われていた仮装はモレッタと呼ばれるもので、黒いビロード製の楕円形をした仮面と、とても上品な帽子とベールから成るものだ。この仮面を着けるには (裏面の) 突起を口でくわえて支えていなければならず、そのためこのキャラクターは話ができないのだった (これが理由で「無言の女中」とも呼ばれる)。

　男性用で非常によく使われていたのが"愚かな平民の女"のコスチュームである。この仮装は猫の顔の仮面を使い、大抵は白いボンネット帽と一緒に着用された。このキャラクターは、話す

ときには（ニャーニャーと）猫の鳴き声に似た甲高い声で話し、町の女のように振舞わなければならなかった。そのため、ニャーガと呼ばれる。

　そしてなんといっても欠かせないのはコンメディア・デッラルテの登場人物たちである。ことに人気があるのはアルレッキーノ、パンタローネ、コロンビーナなどなど…。

ヴェネツィア・カーニバル

19 復活祭

復活祭（Pasqua）は、キリスト教でクリスマスと並んで最も重要な祝日（祭日）です。十字架に掛けられ処刑されたイエスキリストが復活したことを記念する祝日で、毎年春分の日を過ぎてから最初の満月の次の日曜日に祝うため、年によって3月22日〜4月25日の間で移動する祝日となります。これに準じて、復活祭の前にあるカーニバルと四旬節の時期も移動します。

イタリア語で復活祭を表す言葉は「パスクワ」ですが、ユダヤ教の「過越しの祭」（ヘブライ語では「ペサハ」、ユダヤ人がエジプトから解放されたことを祝う祭日）から来ています。聖書には、キリストが過越しの祭の時期に受難し、復活したと記述されていて、2つの祭日には密接な関係があります。

宗教的にとても重要な祝日なので、カトリック国であるイタリアでは復活祭にまつわるたくさんの行事や伝統、この季節ならではの食べ物がありますし、観光で教会などを訪れるとキリストの受難と復活をテーマにした絵画や彫刻が多く見られます。

イタリアの学校や多くの会社は聖木曜日からパスクエッタ（Pasquetta「復活祭の翌日」の意、Lunedì dell'Angelo「天使の月曜日」とも呼ばれる）まで休みになるので、日本のゴールデンウィークのような春の行楽シーズンとなります。

この連休を利用して旅行する人は多く、必ずしも自分の家で家族と過ごすとは限らないので、"Natale con i tuoi, Pasqua con chi vuoi"（クリスマスは家族と、パスクワは好きな人と過ごす）という言い回しがあるほどです。この言い回しには "Natale con i tuoi, Capodanno con chi vuoi" というヴァリエーションもあります。パスクワや新年を迎えるのは家族と一緒でなくても、クリスマスは家族で集まることを重んじるところからも、イタリア人にとって家族がいかに重要なのかがわかりますね。

読んでみよう

Ogni anno sono tante le celebrazioni organizzate da nord a sud, sono momenti molto attesi che vedono protagonisti interi paesi. Di solito si tratta di feste e riti legati al cattolicesimo. Anche chi non è credente può trovare interessante assistervi perché racchiudono la storia delle usanze italiane che si trasmettono di generazione in generazione.

La settimana santa

Inizia tutto la domenica precedente, cioè la Domenica delle Palme, per ricordare Gesù che entrò a Gerusalemme. Il gesto tipico di questo giorno è lo scambio di ramoscelli di ulivo in segno di pace. I riti veri e propri iniziano di solito il Giovedì Santo, giorno dell'ultima cena e della celebrazione eucaristica. Il Venerdì Santo è il giorno della Via Crucis, questa processione ricorda il processo, il calvario e la morte di Cristo.

Sabato a mezzanotte viene annunciata la resurrezione di Gesù col suono delle campane. E finalmente arriva la domenica di Pasqua, finisce il digiuno del periodo di Quaresima e si festeggia con piatti tipici e dolci come colombe e uova. L'uovo è il simbolo della vita che rinasce ed è augurio di prosperità. Nel lunedì dell'Angelo, ovvero Pasquetta, si ricorda l'episodio delle donne che si recarono al sepolcro e lo trovarono vuoto, l'Angelo annunciò loro che Gesù era risuscitato. A Pasquetta c'è l'usanza di organizzare gite e scampagnate per chiudere in bellezza il periodo di festa.

● blog.meeters.org より

語彙

celebrazione［女］祭典、祝典／**atteso**［形］待ち望んだ／**protagonista**［名］主役／**rito**［男］宗教的な儀式、慣習／**cattolicesimo**［男］カトリック教／**credente**［形］信仰のある、［名］信仰を持つ人／**racchiudere**［他］包み込む、（意味を）含む／**usanza**［女］しきたり、風習／**settimana santa** 復活祭に先立つ聖週間／**ramoscello**［男］小枝／**eucaristico**［形］（宗教用語）聖体の：**celebrazione eucaristica** ミサ／**Via Crucis**（宗教用語）十字架の道行き、キリストの受難を再現する儀式／**processione**［女］（宗教上の）行列、行進／**resurrezione**［女］（キリストの）復活／**digiuno**［男］断食／**colomba**［女］雌鳩、（復活祭に食べる鳩の形をした）焼き菓子／**prosperità**［女］繁栄／**scampagnata**［女］ピクニック、郊外への遠足／**chiudere in bellezza** 華やかに終える、成功を収めて終える

辞書を引いてみよう

　73ページ末の La settimana santa で始まるセクション冒頭の cioè は、単語の意味「つまり」を覚えるだけでなく、その後ろには具体的な説明があると覚えておくと読むスピードは早くなります。

　calvario はキリストが十字架に掛けられたゴルゴタの丘のことですが、ここから「受難」や「長い苦悩」の意で用いられることがあります。

文法

Di solito si tratta di feste e riti legati al cattolicesimo.

通常、(これらのイベントは)カトリック教に根差した祭典、または儀式です。

「legati a... 〜に結ばれた」は前の名詞を修飾しています。語尾が -i であることから男性・複数形なのですが、「riti 儀式」だけでなく「feste 祭典」にもかかっていることに注意してください。

I riti veri e propri iniziano di solito il Giovedì Santo, giorno dell'ultima cena e della celebrazione eucaristica.

宗教的な儀式そのものは通常、聖木曜日から始まります。この日は最後の晩餐と、聖体の秘跡の日です。

この文では、il Giovedì Santo が giorno dell'ultima cena および (giorno) della celebrazione eucaristica と同格で示されています。

訳例

　毎年(パスクワには)イタリア全国北から南まで、多くの祭典が執り行なわれます。その多くの祭典には地域全体が自ら立役者となって参加しており、皆がその日を楽しみにしています。通常、(これらのイベントは)カトリック教に根差した祭典、または儀式です。信者でない者にとっても(これらのイベントに)参加することは興味深いと思えるでしょう。なぜならそこには古くから脈々と伝わるイタリアの風習の歴史が詰まっているからです。

聖週間

　すべては前の週の日曜日、つまりエルサレムに到着したイエスキリストを記念する「枝の主日」に始まります。この日の典型的な風習は平和のしるしとしてオリーブの小枝を交換することです。宗教的な儀式そのものは通常、聖木曜日から始まります。この日は最後の晩餐の日で、(キリストがパンと葡萄酒を自分の肉体と血として弟子たちに分け与えたという)聖体の秘跡が行なわれた日です。聖金曜日は Via Crucis (十字架の道行き)の日で、この行列はキリストの裁判、ゴルゴタの丘を登る道行きでの苦難とキリストの死の場面を(再現して)思い起こすためのものです。土曜日の真夜中に鐘の音がキリストの復活を告げます。そしてついにパスクワの日曜日がやってくるのです。四旬節の断食期間が終わり、卵を使った伝統料理やコロンバを食べて祝います。卵は生まれ変わる命のシンボルであり、繁栄への祈りを表します。Lunedì dell'Angelo (天使の月曜日)、またはパスクエッタの日には(キリストの)墓を訪れた女たちが、墓が空っぽになっているのを見つけるという聖書のエピソードを思い起こします。天使が現れて彼女たちにキリストの復活を告げたのでした。パスクエッタには遠足や屋外でのピクニックを企画してこの連休の最後を飾る風習があります。

20 聖母被昇天の祝日

　8月15日は、フェッラゴスト（Ferragosto）という祭日です。カトリック教会の、聖母被昇天の祝日（L'Assunzione di Maria）でもあります。イエスキリストの母、聖マリアが天に召されたことを記念する祝日で、カトリックが広く信仰されている国々では古くから大切な祭日でした。今でも聖母マリアに捧げる村祭りやパレードの伝統が残っている地域がたくさんあります。また、青い衣をまとった聖母が天使たちと光り輝く雲に囲まれて天に昇っていく場面はティツィアーノなど多くの有名画家たちが主題として描いていますね。

　しかし、フェッラゴストの語源について言えば、キリスト教とは関係がありません。また、現代のイタリア（そしてヨーロッパ全体）では、フェッラゴストの時

店先に貼られた夏季休業のお知らせ

期と言えば何といってもバカンスを意味します。イタリアの都市部の個人商店は、フェッラゴストを挟んだ2週間から1か月ほど（!）休業してしまうことが多いですし、どんなに忙しい人でもこの時期には休みを取って海や山に出かけます。ちょうど日本のお盆の時期とも重なるので、この時期にイタリアに旅行して観光地でない街に出かけたら、行きたいお店が閉まっていた、という経験をされた方も多いのではないでしょうか。

読んでみよう

[...]

Il Ferragosto di Ottaviano Augusto

La parola Ferragosto deriva dalle *feriae Augusti*, il riposo di Augusto, una festività decisa dall'imperatore romano Ottaviano Augusto nel 18 avanti Cristo. La festa si rifaceva in parte ai *Consualia*, le antiche feste romane celebrate alla fine dei lavori agricoli e dedicate a Conso, il dio dei granai e della fertilità. L'istituzione dell'antico Ferragosto aveva quindi lo scopo di mettere insieme un certo numero di giorni di riposo alla fine del periodo del raccolto, per consentire a chi aveva lavorato nei campi di recuperare le energie. I giorni di riposo erano accompagnati da feste e celebrazioni, che tipicamente si tenevano il primo giorno di agosto. I festeggiamenti furono spospostati al 15 del mese per volontà della Chiesa cattolica, proprio per ricondurre la festività popolare all'Assunzione di Maria.

[...]

I treni popolari di Ferragosto

A rendere Ferragosto una festività popolare contribuì l'istituzione, nel 1931 e a opera dell'allora ministero delle Comunicazioni, dei "Treni speciali celeri per i servizi festivi popolari", noti come "Treni popolari di Ferragosto". Voluti dal regime fascista, i treni permettevano di raggiungere a prezzi ridotti le località turistiche nel mese di agosto e contribuirono alla nascita del turismo di massa.

● オンライン新聞il Post 2022年8月15日記事より（一部省略）

www.ilpost.it/2022/08/15/cose-il-ferragosto/

語彙

festività［女］祭日／**festa**［女］①祝日、②休暇、③宴会・パーティー／**rifare**［他］やり直す、取り換える／**in parte** 部分的に／**dedicare**［他］捧げる／**Conso**［男］古代ローマの豊穣神／**granaio**［男］穀物庫／**istituzione**［女］制度、政治体制／**quindi**［接］したがって／**raccolto**［男］収穫／**ricondurre**［他］再び案内する、結びつける／**contribuire**［他］貢献する、寄与する／**ministero**［男］省、庁／**celere**［形］速い／**regime**［男］政治体制／**massa**［女］多数、群衆、マス（大衆）

文法

　前半部分の2〜3行目にavanti Cristo［略：a. C.］（字義的にはキリストの前）という表現が出てきます。これまで「紀元前」と訳されてきました（英語ではB.C.）。現在でも同じ意味で用いられていますが、キリスト教以外の宗教にも配慮して、「紀元」を表す際に、Era Volgare［EV］（もしくは英語表現に準じてEra Comune［EC］）が用いられることも多くなりました。「紀元前」の場合にはAvantiを表すAを加えAEVやAECとなります。

　3行目以降の文La festa si rifaceva in parte ai Consualia, le antiche feste romane celebrate alla fine dei lavori agricoli e dedicate a Conso, il dio dei granai e della fertilità ではConsualia と le antiche feste romane（celebrate alla fine dei lavori agricoli e dedicate a Conso）、Conso と il dio dei granai e della fertilità が同格（後者が前者の言い換え）であることが見えると訳文が楽に導き出せるでしょう。

　8行目のI giorni di riposo erano accompagnati da feste e celebrazioniとそれに続くI festeggiamenti furono spostatiは受動態・半過去の表現です。

オッタヴィアーノ・アウグスト（初代ローマ皇帝アウグストゥス帝）**のフェッラゴスト**

　フェッラゴストという言葉は（ラテン語で）アウグストゥスの休息という意味の feriae Augusti（フェリエ アウグスティ）から派生したもので、ローマ皇帝オクタウィアヌス（アウグストゥス）によって紀元前18年に制定された祭日です。この祭日は、コンスアリア（Consualia）と呼ばれる、農作業の締めくくりに穀物と豊穣の神コンソに捧げられていた、ローマの古い祭りを部分的に置き換えるものでした。ですからこの、昔のフェッラゴストの制定には、収穫期が終わった後に何日間かまとまった休みの日を設けて、畑で働いた人々が体力を取り戻せるように、という狙いがあったのです。この休息の期間には宴会や祝祭が付きもので、大抵8月1日に祝われていました。この祝祭はカトリック教会の意向で同月の15日へと移動されましたが、それはまさに民衆の祭日を聖母被昇天の祝日へと転化させるためでした。

　［中略］

フェッラゴストの大衆列車

　フェッラゴストを庶民の祝日にするために貢献したのは社会体制でした。1931年、当時の通信省による政策で、「フェッラゴストの大衆列車」として知られる「民衆の祭日のための特別急行列車」が作られたのです。ファシズム政府の意向により、この列車は8月中に安い料金で観光地まで行くことを可能にしました。結果、（大勢が一斉にバカンスに行く）大衆の観光業を生み出したのです。

　このイベントを盛り上げるために1933年、マッタラッツォ監督が『大衆列車 Treno Popolare』を撮ります。その音楽を担当したのが「30趣味：映画音楽」で取り上げる作曲家ニーノ・ロータです。

21 | クリスマス：プレゼーペ

　クリスマスは、イエスキリストの生誕を祝うキリスト教の祝日です。11月に入るとすぐに、クリスマスのお菓子、パネットーネやパンドーロの箱が店頭に積み上げられ、気の早い人は今年のクリスマスプレゼントに何を用意するかの計画を立て始めます。でもカトリック教会の暦の上でクリスマスの準備が正式に始まるのは11月の終わり、クリスマスから4週間前の日曜日に待降節（Avvento）という期間が始まる時です。教会では4週間かけてキリストの生誕を迎える準備をするわけですが、町中の景色がクリスマス一色になるのは、12月8日の無原罪の聖母の祝日※から。地域によって例外はありますが、（ミラノでは12月7日、バーリでは12月6日など）大抵この日に町の中央広場に大きなクリスマスツリーが設置されて、電飾が灯されます。毎年恒例のクリスマスマーケットが始まり、イエスキリスト誕生のシーンを人形で再現したプレゼーペ（またはプレゼーピオ：presepe/presepio）を飾るのもこの日からです。プレゼーペの登場人物全員——聖母マリアとその夫ジュゼッペ（ヨセフ）、夫婦が出産のため旅の途中に立ち寄った馬小屋の動物たち、羊飼いたちなどが注目しているのは、貧しい木の桶の中に置かれた生まれたばかりのイエスキリストです。

　プレゼーペは家庭で飾られるものから、教会や広場に設置される大規模なもの、そして、町の住人が衣装をつけて参加する実物大の「生きたプレゼーペ（presepe vivente）」が催されることもあります。また、ナポリでは、芸術的なプレゼーペの人形を作る優れた職人たちが有名です。

ピサの大聖堂内に飾られた
プレゼーペ

※「無原罪の聖母の祝日 Immacolata concezione」は、マリアの前に天使が現れて、イエスキリストを身籠っていると告げた（受胎告知）ことを記念する祝日です。

L'invenzione del presepe moderno

Il primo presepe nel senso moderno del termine, però, si fa comunemente risalire a quello inscenato da San Francesco d'Assisi durante il giorno di Natale del 1223, nel piccolo paese di Greccio (vicino Rieti). Nel 1220 San Francesco aveva compiuto un pellegrinaggio in Terra Santa (Palestina) per visitare i luoghi della nascita di Gesù Cristo, ed era rimasto talmente colpito da Betlemme che, tornato in Italia, chiese al Papa Onorio III di poter uscire dal convento di Greccio per inscenare la rappresentazione della natività.

Il primo presepe della storia venne allestito nei pressi del bosco vicino al paese, in una grotta. Francesco portò in una grotta la mangiatoia con la paglia e vi condusse il bue e l'asino (non c'erano la Vergine Maria, Giuseppe e il bambinello). La popolazione accorse numerosa e così il santo poté narrare a tutti i presenti, che non sapevano leggere, la storia della nascita di Gesù.

La particolarità di questo presepe, oltre a quella di essere stato il primo nella storia, risiede nel fatto di essere stato anche il primo presepe vivente del mondo, sebbene non ancora rappresentato nella forma completa.

• Storia del Presepe, dall'origine al nostro salotto | ArtePresepe.it より

senso［男］（言葉などの）意味／**termine**［男］用語、語彙／**inscenare**［他］上演する／**compiere**［他］成し遂げる／**pellegrinaggio**［男］巡礼／**Terra Santa** 聖地パレスチナ／**Betlemme** ベツレヘム（キリストが生まれたとされる村）／**natività**［女］キリストの降誕／**allestire**［他］（祭りなどを）準備する／**nei pressi di…**の近くに／**condurre**［他］連れて行く／**bambinello**［男］bambino＋縮小辞の愛称辞／**accorrere**［自］駆けつける／**risiedere**［自］…に存する、中にある／**fatto**［男］事実

文法

Nel 1220から始まる文では、直説法・大過去aveva compiuto / era rimastoが、その後に続く直説法・遠過去chieseと一緒に使われています。ここから、聖フランチェスコが「(聖地巡礼を)行ない、(ベツレヘムに)心を打たれた」ので、イタリアの地に戻った後、「教皇に(許可を)願い出た」という一連の流れを表現しています。

2つ目の段落のvenne allestitoはvenireを使った受動態・遠過去の形です。それに続くフレーズのvi condusse...で用いられるviは場所を表す副詞「ci そこに」と同じ意味を表します。

訳例

現代の(ような)プレゼーペの発明

しかし、現在プレゼーペという言葉が意味するようなものが作られたのは、1223年のクリスマスの日にグレッチョという小さな村(リエーティの近く)でアッシジの聖フランチェスコが催したものが最初だ、とするのが通説である。聖フランチェスコは、1220年にイエスキリストの生地を訪ねるため、パレスチナの聖地巡礼を行なった。そして、特にベツレヘムに心打たれた彼は、イタリア帰国後、グレッチョの修道院の外に出て、キリスト降誕の場面の劇を上演する許可を教皇ホノリウス3世に願い出たのだった。

歴史上初めてのプレゼーペは村の近くにある森の中、洞穴の中にしつらえられた。フランチェスコは洞穴に干し草を入れた餌箱を運び込み、そこに牡牛とロバを連れてきた(聖母マリア、ジュゼッペと赤ん坊はいなかった)。大勢の村人たちが駆けつけてきたので、聖人(フランチェスコ)は、読み書きができないそこに居たすべての人たちに、イエスの生誕の話を語って聞かせることができたのだった。

このプレゼーペが特別なのは、それが歴史上初めてであったというだけでなく、(実際に生きた牛とロバを使った)世界初の「生きたプレゼーペ」でもあったという事実である。たとえ、それがまだ完全な形での上演ではなかったとしても。

22 新年、エピファニア（公現祭）：ベファーナ

　家族が一堂に集まり、毎年恒例の豪華メニューに舌鼓を打つクリスマスの食卓。そして年末には友人たちと年越しのチェノーネ（cenone＝豪華な夕食）を食べ、カウントダウンをして新しい年を迎える。あちこちで上がる花火を眺めながらスプマンテで乾杯。こんな光景は世界中で見られますね。子供たちも学校が冬休みになり、クリスマスの朝にバッボ・ナターレ（Babbo Natale＝サンタクロース）からのプレゼントを受け取るのはイタリアでも同じです。そして年が明け、その冬休みももうすぐ終わる、という頃に街じゅうで見られるのはなぜかホウキにまたがった魔女の姿をした人形やイラスト。黒い帽子と黒っぽい服に大きな鉤鼻が特徴のベファーナ（Befana）と呼ばれるこの老女は、イタリアのエピファニアには欠かせない存在です。伝説によると、東方からの占星学者たちが救い主の誕生を知らせるという彗星を目印にイエスキリストを訪ね歩いていた時、ある老女に道を尋ね、一緒に救い主を探しに行こうと誘いました。老女はその誘いを断りましたが、後になって後悔し、自分で救い主イエスキリストを探しながら家々を訪ね歩き、出会った子供たちにお菓子をプレゼントしました。それがベファーナだというのです。

　このベファーナのお祭り（1月6日）を境に、クリスマスから続いた一連のフェスタ（festa＝祭日）は終わり、子供たちは学校へ、大人たちは仕事へと、気持ちを新たに戻っていきます。それでは早速、オンライン伊伊辞書 *Treccani-Vocabolario* の befana の項を読んでみましょう。

読んでみよう

befana s. f.

1. Nome pop. dell'Epifania: *la festa della b.* (o, con iniziale maiuscola, *della B.*) ; *per la b.* (*o la B*) *andremo a sciare; le vacanze durano fino alla b.* (o *alla B*) ; è tradizione, a ricordo dei re Magi, fare in quel giorno regali ai bambini (e, in tempi recenti, anche agli adulti) : *i bambini aspettavano con impazienza la b.; la zia le aveva promesso una bambola per la befana; per la befana il marito le ha fatto trovare un anello.*

2. **a.** Personificazione dell'Epifania: la vecchia, bruttissima ma benefica, che di notte, scendendo per la cappa del camino, lascia nelle scarpe, o più spesso nelle calze, dei bambini buoni, doni e dolciumi (ai cattivi, pezzi di carbone).

   b. fig., spreg. Donna brutta: *s'è sposato quella b.* (molto raro il masch.befano, uomo brutto) .

3. I regali che si fanno in occasione dell'Epifania: *che bella b. hai fatto a tuo figlio!;* [...]

- https://www.treccani.it/vocabolario/befana/ より（一部省略）

語彙

s.=sostantivo［男］名詞／**re Magi** 東方の三博士（聖書の登場人物。救い主が生まれる、という予言を信じ、しるしの彗星を頼りに旅をして生まれたばかりのイエスキリストの元に贈り物を持って訪ねて来た、東方の3人の学者たち）／**personificazione**［女］擬人化／**benefico**［形］慈善心に富む／**cappa**［女］煙突／**figurativamente**［副］象徴的に／**spregiativamente**［副］侮蔑的に

辞書を引いてみよう

　まず伊伊辞典の見方を確認しておきましょう。記述内容は伊和辞典と同じ様式で書かれています。見出し語befanaに続くs. f.は「sostantivo femminile 女性名詞」の略（男性名詞はs. m.）。Nome pop.は「popolare 通俗的な」の略なので「一般に慣れ親しまれている名称」ですね。見出し語は何度も出てくるので、befanaはb.やB.と記されます（太字のb.は2つ目の意味合いでの下位区分a./b.を示す）。また、用例はイタリック体（斜体）で示されます。

　82ページ最終行のfig. spreg.はfigurativo, figurativamente, spregiativo, spregiativamenteの略で、侮蔑的な意味合いの比喩表現としての使い方であることを示しています。

訳例

ベファーナ　名詞（女）

1. エピファニア（公現祭）の俗名。使用例："b.（ベファーナ）の祭り（または頭文字は大文字Bを使う）"b.（またはB.）にはスキーに行きましょう。"ヴァカンスはb.（またはB.）までしか続かない。"

　　東方の三博士に因んで、この日に子供たちにプレゼントを贈る習わしである（最近は、大人にも）。使用例："子供たちはb.が待ちきれなかった。"叔母さんはb.に人形をプレゼントすると彼女に約束していた。"夫は彼女にb.に指輪を贈った。"

2. **a.** エピファニアの擬人化。つまり年老いて、とても醜いがしかし善良な女性。彼女は夜に暖炉の煙突から降りてきて、よい子の靴の中、またより多くの場合には靴下の中に、プレゼントやお菓子を残していく（悪い子には炭のかけらを残す）。

　　b.（姿に関して、侮蔑的に）醜い女性。使用例："彼はあんなb.と結婚した。"（男性形でbefano＝醜い男性を示すこともごく稀にある）

3. エピファニアの日に送るプレゼントのこと。使用例：息子さんに素晴らしいb.を贈ったね！［…］

23 誕生：アレッサンドラという名前の奇跡 *italiano*

世界の先進国と同様にイタリアでも国民の高齢化と新生児の減少が深刻な問題になっています。ISTAT（Istituto Nazionale di Statistica 国立統計局）によると、2021年には39万人余りの新生児が誕生しましたが、2008年から連続で毎年最低記録を更新しているそうです。このままでは2050年にはイタリアの人口は今と比べて500万人少なくなっているだろうというショッキングな予想を伝えるニュースがつい最近も話題になりました。

平均的な結婚年齢が上がっていること、国民の将来への不安が大きいこと、コロナ禍の影響、子育てにかかる費用に対する政府からの支援が他のヨーロッパ諸国に比べて少ないこと等々。解決すべき問題は山積みです。そんななか、医学の力で奇跡的に誕生した赤ちゃんのニュースをご紹介しましょう。このような症例はイタリアでは初めてで、世界でもまだ6人目だそうです。

読んでみよう

[...]

Un miracolo che si chiama Alessandra

La piccola Alessandra potrebbe anche essere definita un miracolo della scienza. Perché è nata qualche giorno fa dalla prima donna italiana che ha ricevuto un trapianto di utero. La bimba è venuta alla luce all'ospedale Cannizzaro di Catania, dove si è conclusa con successo la gravidanza. La piccola è nata alla 34esima settimana con un cesareo perché la mamma aveva contratto il Covid e aveva attacchi febbrili pericolosi. Pesa 1,7 chilogrammi e si trova in condizioni di salute stabili come sua madre.

Un ricordo per la donatrice

I neo-genitori hanno scelto di chiamarla come la donna che ha donato il suo utero. ˹È come se Alessandra fosse tornata a vivere: una parte di lei vive ancora e siamo felici˺, ha detto ai giornalisti il neo papà Giovanni, tradendo un po' di commozione. La sua compagna, che ha 31 anni, era nata senza utero a causa di una rara patologia congenita, nota come sindrome di Rokitansky. La speranza di avere figli sembrava impossibile da realizzare per loro. Poi una donna di 37 anni, già mamma, è morta per un arresto cardiaco improvviso. Al rinnovo della carta d'Identità aveva dato il consenso per l'espianto degli organi, quindi il Centro Trapianti dell'Azienda ospedaliera universitaria Policlinico di Catania, si è attivato per recuperare il suo utero.

- web版 Corriere della Sera 紙の妊婦・母親向けポータルサイト "Qui Mamme" より（一部省略）
  Partorisce dopo il trapianto di utero: un "miracolo" che si chiama Alessandra (corriere.it)

語彙

trapianto［男］移植／**utero**［男］子宮／**venire alla luce** 生まれる／**concludersi**［代動］終わる／**gravidanza**［女］妊娠（期間）／**cesareo** 帝王切開／**contrarre**［他］病気などに罹る／**tradire**［他］漏らす、心ならずも示す／**commozione**［女］感動、興奮／**patologia**［女］病気／**congenito**［形］生まれつきの／**arresto**［男］停止／**cardiaco**［形］心臓に関する／**Carta d'Identità** 身分証明書／**espianto**［男］外植、臓器を取り出すこと／**policlinico**［男］複数の専門科を設けた病院施設／**attivarsi**［代動］始動する

文法

　冒頭の文の主語 La piccola Alessandra は次の文でも同じく主語となるため省略され、3つ目の文では La bimba と言い換えられています。イタリア語では同じ主語で明白な場合には省略したり、別の表現で言い換えるのが一般的です。文脈を追いながら訳ができるように練習していきましょう。

　5行目の 34esima は序数「第34番（目）の trentaquattresimo」をアラビア数字を混ぜて表記したもので、「週 settimana」を修飾しているので女性・単数形になっています。それに続く部分 perché la mamma aveva contratto il Covid e aveva attacchi febbrili pericolosi では、大過去 aveva contratto と半過去 aveva が使われています。このような時制の使い分けによって、「コロナ感染症に罹患した」→「急な発熱が続いていた」→（けれども無事に）「生まれた［近過去］」という時間の流れを示しています。

　「臓器提供者への追憶」のセクションでは、父親になったジョヴァンニさんの言葉が直接話法で示されています（È come se Alessandra fosse tornata a vivere: una parte di lei vive ancora e siamo felici）。接続法・大過去 come se Alessandra (fosse) tornata を用いて、「あたかも〜したかのように」と表現しています。

アレッサンドラという名前の奇跡

　小さなアレッサンドラは、科学がもたらした奇跡とも言えるでしょう。なぜなら彼女は子宮の移植を受けた最初のイタリア人女性から生まれたのですから。この赤ちゃんは妊娠期間を無事に終えて、カターニア市のカンニッザーロ病院で生まれました。母親がCovid-19に感染してしまい発熱で危険な状態だったために、34週目に、帝王切開で生まれました。体重は1,7キロで、母子ともに健康状態は安定しています。

臓器提供者への追憶

　新しく両親になったふたりは、赤ちゃんに子宮の提供者である女性と同じ名前を付けることに決めました。「アレッサンドラさんがもう一度生き返ったようなものです。彼女の一部がまだ生き続けているということが、私たちは嬉しいのです」。新米パパのジョヴァンニさんは、感激を抑えきれない様子で記者たちに語りました。彼のパートナーは31歳で、ロキタンスキー症候群として知られる先天性の珍しい病気のために、生まれつき子宮を持っていませんでした。ですから子供を持つという夢は、彼らには実現不可能だと思われました。しかしある時、すでに子供がいる37歳の女性が突然の心臓発作で亡くなりました。この女性は身分証明書を更新する時に、臓器提供への承諾をしていたのでした。それで、カターニアの大学総合病院内の移植センターが彼女の子宮を回収するために発動したのです。

24 洗礼

　洗礼とはキリスト教信者になるための儀式です。イタリア人の家庭では子供が生まれると、その家族がカトリック教徒の場合、一般的に数か月から一年以内には所属する教会で洗礼式が行なわれます。両親のほかに、子供の信者としての成長を助けるために選ばれたpadrino（パドリーノ：代父）とmadrina（マドリーナ：代母）が付き添い、子供の額に聖水を垂らす儀式が行なわれます。歴史的に国民の大半がカトリック教徒であるイタリアでは、長い間、生まれてきた子供に洗礼を授けることが当然のように考えられてきました。しかし近年では、自身が洗礼を受けたカトリック教徒でも普段は教会に通わない人（non praticante「活動しない人」の意）が多くなり、結果として新生児に洗礼を受けさせない、または大きくなって自分で選択できるようになるのを待つというケースも少しずつ増えてきているようです。

　いずれにしても、洗礼式は多くの赤ちゃんが生まれて初めて受ける教会での行事で、新しい命を歓迎する大変喜ばしい席なので、大抵の場合は親戚や友人を招待して盛大にお祝いされます。

　友人の赤ちゃんの洗礼式に招待されたら、あなたはどんなお祝いを持っていきますか？

読んでみよう

Regali per battesimo: come sceglierli?

　La prima cosa da fare, naturalmente, è chiedere ai genitori se hanno predisposto una lista di regali: come nel caso della nascita, infatti, anche il battesimo può essere l'occasione giusta per stilare una *wish list* di oggetti e accessori utili per il bambino. Una scelta intelligente, non solo perché consente di evitare sprechi di denaro e doppioni, ma anche perché facilita di gran lunga il compito degli invitati alle prese con la caccia al dono. Altro aspetto fondamentale è poi quello di considerare quale sarà il tuo ruolo: se sei stata scelta come madrina di battesimo, infatti, il regalo dovrà essere qualcosa di importante o, come si diceva una volta, ˋqualcosa che restiˊ. Largo allora a un piccolo dono prezioso, come un bracciale o un ciondolo, che possa essere conservato per quando il bambino sarà più grande. E se il tradizionale gioiellino in oro non fa proprio per te, puoi puntare su un regalo importante, sì, ma anche utile per mamma e papà come ad esempio il baby monitor con ninna nanna incorporata. Di seguito trovi le idee adatte a tutte le occasioni. [...]

- フランチェスカ・ガスタルディ「プレゼント」『Donna Moderna Love』HPより
  https://www.donnamoderna.com/amore-relazioni/idee-regali-battesimo

語彙

da fare すべきこと／**predisporre** [他] 事前に手はずを整える／**battezzare** [他] 洗礼を施す、命名する／**stilare** [他] 文書を作成する／**consentire** [他] 可能にする／**doppione** [男] 重複品、ダブリ／**di gran lunga** はるかに、断然／**alle prese con...** 〜と取り組む、打ち込んでいる／**aspetto** [男] 局面、様相／**madrina** [女] 代母、教母／**non fa per...** 〜に適していない／**incorporare** [他] 部品などを内蔵する

辞書を引いてみよう

　10行目のpiccolo dono preziosoは字義的には「小さくて貴重な贈り物」です。文の形を図んだ後、最終的な訳語を決定する際には「小さなジュエリー（貴金属）」のように意訳してもよいでしょう。

文法

　2つ目の文 Una scelta intelligente, <u>non solo perché</u> consente di evitare sprechi di denaro e doppioni, <u>ma anche perché</u> facilita di gran lunga il compito degli invitati alle prese con la caccia al dono では下線の表現「non solo perché... ma anche perché... 〜ということだけでなく、〜ということにおいても」が使われています。ウィッシュ・リストを作ることが、これら2つの理由から「一つの懸命な選択 Una scelta intelligente」だと述べられています。

　10行目にLargo allora a...といった表現が出てきます。ここでのalloraは8行目のseと文脈の上では繋がっていて、「もし〜であるなら、その場合には〜」となります。また、Largo a...は直訳だと「〜に道を譲る」ですが、訳例では「〜（という選択）が王道＝〜もお勧め」としています。

訳例

洗礼式のプレゼント：どうやって選ぶ？

　当然、最初にすべきことは、プレゼントのリストが事前に用意されているかどうか、（赤ちゃんの）両親に尋ねることです。事実、出産祝いの時と同じく、洗礼式も子供に必要なものや欲しいものの「ウィッシュ・リスト」を用意するのに適した機会だと言えるでしょう。（リストの作成は）無駄なお金を使ったり、プレゼントが重複するのを避けるだけでなく、贈り物を探している招待客たちの任務をはるかに楽にしてくれるので、賢明な選択です。そしてもう一つ基本的な要素は、あなたの役割が何か、を考慮することです。もしあなたが洗礼式のマドリーナとして選ばれたのなら、実際、贈り物は何か高価なもの、または昔よく言われていたように、「後々まで残る贈り物」でなければならないでしょう。その場合にはブレスレットやペンダントヘッドなど、子供が大きくなった時にも持っていられるような小さなジュエリーのプレゼントがお勧めです。そしてもし、伝

統的な小さな金のジュエリーがあなたのお好みでない場合には、同じ高額なプレゼントであっても、ママとパパにも有益なもの、例えば子守歌が内蔵された「ベビーモニター」などに狙いを定めてもいいでしょう。この後に、どんな場合にも適したプレゼントのアイディアをいくつかご紹介します。[…]

洗礼式の様子。司祭が受洗者の額に聖水を垂らして洗礼を授けます。

郊外のレストランで盛大に祝われた、エドアルド君の洗礼式パーティーにて

日本でも取り入れられ、有名なマリア・モンテ
ッソーリ（Maria Montessori 1870-1952）教育法です
が、原文でその理念（考え方やヴィジョン）が理解で
きると新たな視点が得られるかもしれません。

モンテッソーリはイタリアにおける幼児・初等
教育の基盤を確立した教育者の一人です。イタリ
アに数多く開設された「子どもの家 casa dei
bambini」に我が子を通わせたいと望む親も少なく
ありません。優れた方法論を持つ一方で、イタリ
ア国外においてそのまま採用すれば必ず成功する
といったものではないため、その理念の理解が非
常に重要です。

ここでは、「自由 libertà」に関する文章を読んで
みましょう。

1000リラ紙幣のモンテッソーリと教育

読んでみよう

Cosa significa essere libero

Esiste un principio, ormai citato in tutto il mondo, che racchiude il concetto stesso della libertà. Il principio dice : "Non fare agli altri ciò che non vorresti che gli altri facciano a te". Da questo è chiaro che non possiamo dirci davvero liberi se quello che facciamo danneggia altre persone, anch'esse libere come noi. Questa regola è una delle prime cose che imparano i bambini che entrano in una scuola montessoriana. Viene spiegato loro che possono scegliere di fare quello che vogliono a patto che non feriscano se stessi, gli altri o l'ambiente che li circonda.

Non esiste libertà senza autocontrollo, quindi il bambino va aiutato in questo, facendo in modo che si senta spinto a sviluppare un senso di autodisciplina. Il bambino, quindi, non va lasciato totalmente libero nella speranza che impari da solo come regolarsi. Non funzionerà mai questo metodo. Il bambino va sostenuto in questo delicato processo che implicherà molto allenamento da parte sua.

> In questo modo il bambino imparerà a sviluppare la sua volontà ma a decidere spontaneamente di seguire le regole di comportamento anziché sentirsi obbligati a farlo.

- モンテッソーリ教育紹介HPより　Educare alla libertà e all'indipendenza seguendo il metodo Montessori | TuttoMontessori.com

語彙

principio［男］原理、原則／**citare**［他］引用する、引き合いに出す／**concetto**［男］概念／**montessoriana**［形］モンテッソーリ方式の／**a patto che** という条件で／**auto-** 自動、自己を意味する接頭辞／**disciplina**［女］しつけ、教育／**regolarsi**［再］適度に、正しくふるまう／**processo**［男］過程、プロセス／**implicare**［他］（いやなことに）巻きこむ／**volontà**［女］意志／**obbligato**［過分］強いられた

文法

　冒頭の文 Esiste un principio は、日本語に訳しにくいと感じるかもしれません。直訳すれば「（ひとつの）principio が存在する」となりますが、次の文で il principio dice che... と詳しく説明が始まるので、最初から完璧な訳文を作ろうとせずに、全体像を把握することも読解をスムーズに進めるコツです。

　第2段落には、il bambino を主語とする受動態の文が3つ出てきます。いずれも「andare + 過去分詞」の「〜されなければならない」という意味になり、「da + 動作主」が示されず、一般的にそのようされる・なるべきという表現で使われる受動態です（訳例では「私たち大人」を主語として補い、能動態で訳しています）。

訳例

自由であることの意味

　「自由」の概念そのものを表した、今や世界中で使われている（道徳）原則があります。それは、「あなたがされたら嫌なことを、他の人にしてはいけない」という原則です。ここから、もし自分のすることが、私たちと同じように自由（であるはず）な他の人たちを傷つけてしまうとしたら、本当の意味で私は自由であると言えなくなることは明白です。この規則は、モンテッソーリ式の学校に入った子供たちが最初に学ぶことの一つです。彼らは自分自身と他の人、また自分を取り囲む環境を傷つけないという条件を満たすならば、好きなことを選んでしてよい、という説明を受けるのです。セルフコントロール（自己制御）のない自由は存在しません。ですから、我々は子供が自律の精神を培う方向に進めるように、助けてあげなければなりません。つまり、子供が自分で勝手に正しい振る舞いを学ぶだろうと期待して、完全に自由にさせておいてはいけないのです。そ

のやり方は絶対に上手くいかないでしょう。子供自身によるたくさんの試行錯誤を必要とするであろう、このデリケートなプロセスにおいて、我々は彼をサポートしなければなりません。

　こうやって子供は自己の意思の力を育て、それと同時に自発的に（社会的な）規律に沿った行動を選ぶことを学ぶでしょう。そうしなければならない、と（人から）強制されているのではなく。

イタリアの幼稚園

26 仕事：給料アップ

ニュースや新聞報道などで「ここ何年も給料が上がっていない」としばしば耳にします。

英語で「給料」に相当する単語に「pay（仕事に対して支払われる金銭）」「salary（専門職や管理職に対する年間の固定給）」「wage（広義で労働の対価としての賃金）」がありますが、イタリア語では「stipèndio（会社員や公務員の給料）」や「salàrio（生産現場で肉体を駆使して業務に従事する労働者の賃金）」のほかに「給料、賃金（stipendioとsalarioのいずれも含む）」を表すcompensoやpaga、親しい間柄での「（生計を立てるための）稼ぎ pagnotta」などの言い方があります。

ここではイタリアの給料アップ交渉の場面で「ありそうなお話」を読んでみましょう。

読んでみよう

Aumento di stipendio

Oggi sono andato dal direttore per chiedergli un aumento di stipendio. Per convincerlo ce l'ho messa tutta, gli ho anche detto che mia moglie è incinta e che dobbiamo comprarci la casa. Tutto inutile, lui da quest'orecchio non ci sente. Non solo, ha avuto anche il coraggio di dirmi che non lavoro abbastanza. Allora non ci ho visto più: l'ho preso per la camicia e gli ho detto che era un vigliacco. Lui ci ha messo un po' per rendersi conto che non stavo scherzando poi, quando ha capito che facevo sul serio, è diventato tutto rosso e ha gridato."Lei è licenziato, se ne vada!"

"Me ne vado", ho detto, "però Lei ce l'ha sempre avuta con me, lo confessi. Da quella volta che ho organizzato lo sciopero per ridurre l'orario di lavoro, se l'è legata al dito." Quindi, senza aspettare la sua risposta, sono andato via. Adesso sono senza lavoro, mia moglie è incinta e non ha una lira, ma non me ne importa niente. Non ce la facevo più a lavorare tutto il giorno per pochi soldi.

"E come faremo?", mi ha chiesto mia moglie quando l'ha saputo.

"Stai tranquilla, amore", le ho risposto abbracciandola forte. "Non so come, ma in qualche modo ce la caveremo".

• C. M. Naddeo 著 *I pronomi italiani*（Alma Edizioni）より

aumento［男］増加、上昇／**stipendio**［男］給料／**incinta**［形］(女のみ) 妊娠した／**abbastanza**［副］十分に／**vigliacco**［男］卑怯者／**rendersi conto** 気づく、理解する／**licenziato**［過分］解雇された／**andarsene**［代動］立ち去る／**confessare**［他］告白する／**sciopero**［男］ストライキ／**ridurre**［他］減少させる／**legarsela al dito** 雪辱を誓う／**non avere una lira** 一文なし／**non me ne importa niente** 私にはどうでもいいことだ／**in qualche modo** なんらかの方法で／**cavarsela** 難関を切り抜ける、なんとかやっていける

　この文章を読み解くには、動詞の活用形(不定詞を含む)に代名詞が付いたパターンを見分ける必要があります。本文の中からいくつか書き出してみると以下のようなタイプに分けられます。

①前置詞と不定詞＋代名詞：per chiedergli / per convincerlo / di dirmi / per rendersi conto
　など
②補助動詞と不定詞＋代名詞：dobbiamo comprarci
③活用した動詞と代名詞：ce l'ho messa tutta / non ci sente / non ci ho visto più / lui ci ha
　messo / lei ce l'ha sempre avuta con me / non ce la facevo più / ce la caveremoなど

　また、目的語になる人称代名詞と違い、決まった形でのみ用いられるものがあります。これらは動詞とワンセットで覚えておきましょう(「mettercela tutta 懸命に取り組む」「non sentirci dall'orecchio 聞こうとしない、認める気がない」「non vederci più 見境がなくなる、かっとなる」「metterci 時間をかける」「avercela con qlcu.〈人〉に腹を立てる、反感を持つ」「farcela うまくやる、成功する」)。

　他動詞confessareの意味を辞書で調べると、「告白する」という訳語が出てきますが、この文脈では「〈欠点や弱点などを〉認める」という意味で取るとよいでしょう。

給料アップ

　今日、私は給料の引き上げを頼むために所長のところに行った。彼の心をつかむために、全力を尽くした。妻が妊娠していて、家を買わなければならないことも話したよ。でもすべて無駄、彼はそういう話には聞く耳を持たないんだ。それどころか、私が十分に働いていない、とまで言ってのけた。だからもう、頭に来てしまった。彼のシャツの襟首をつかんで、彼は卑怯者だ、と言ってやった。私がふざけてなどいない、と彼が理解するのに少し時間がかかった。そして私が本気だと分かったとたん、顔中を真っ赤にしてこう叫んだ。「あなたはクビです、出ていきなさい！」

　「行きますよ。でも、あなたはいつも私を目の敵にしていた、認めてください。労働時間の短

縮を求めるストライキを私が企画した、あの時からずっと、雪辱を果たすつもりだったんだ」

そして、彼の答えを待たずに私は出て行った。今、私は無職で、妻は妊娠していて一文なし、でも私にはどうだっていいことだ。安い賃金のために一日中働くのはもう我慢できなかったんだ。

「で、私たちどうするの?」事態を知った妻は私に訊いた。

「安心して、愛しい人」。彼女を強く抱きしめて私は答えた。「方法はわからないけど、どうにかしてやっていけるさ」

郵便局のATM

27 結婚：ウエディングドレス

　日本ではレンタルする場合も多いウエディングドレスですが、イタリアでは晴れの日の衣装として仕立てたり、自分用に調整を加えてもらったウエディングドレスを購入するのが一般的です。

　街に住む評判のsarta（女性の仕立て屋さん、または洋裁が得意で服の修理や仕立てを請け負ってくれるシニョーラ）に最初から仕立ててもらったり、母親から受け継いだドレスを直してもらうこともあります。またそれぞれの街にはウエディングドレスを扱う店があります。ショールームを訪れると、シルクの一枚布から裁断して作ったドレスのラインの優美さに思わずため息を漏らすことでしょう。花や蝶などの装飾が丁寧な手作業で刺繍されていたり、ドレスと同じ生地でリングクッションを用意することができたり、人生の大切な日に着る服を仕立てる職人としてのプライドやセンスに感心するばかりです。

　ここではジェノヴァのウエディングドレス専門店「ヴァンニー・スポーゼ」のHPを見てみましょう。

ウエディングドレスが飾られたショーウインドウ

読んでみよう

il tuo stile, il tuo vestito —abiti da sposa—
Sarte, amiche e selezionatrici di tendenze da tutto il mondo:
dal 1956 vi accompagniamo all'altare nel vostro giorno più importante

I nostri suggerimenti per il tuo abito da sposa: il ˋprimo appuntamento˝

Abiti da sposa

Per la ricerca del proprio abito da sposa, il nostro consiglio è quello di fissare un appuntamento in atelier almeno sei mesi prima della data delle nozze. In questo modo, avrete tutto il tempo di scegliere con calma il modello che più vi valorizza e di valutare eventuali modifiche da apportare, come l'aggiunta di spalline o la regolazione della profondità dello scollo. Con il dovuto anticipo, si possono anche programmare gli appuntamenti con la sarta, che ricamerà i vostri desideri sull'abito del giorno più importante della vostra vita.

● 「Vanny Spose」HP より https://vannyspose.com/segreti-per-la-sposa/

語彙

suggerimento, consiglio［男］助言、アドバイス／**abito da sposa** ウエディングドレス／**appuntamento**［男］約束、予約／**atelier**［男］(仏) アトリエ、仕事場 ／**almeno**［副］少なくとも／**nozze**［女・複］結婚式／**con calma** 落ち着いて／**valorizzare**［他］生かす／**valutare**［他］考慮に入れる／**eventuale**［形］起こりうる／**modifica**［女］手直し／**apportare**［他］申し立てる／**spallina**［女］肩パッド／**scollo**［男］襟ぐり、襟開き／**dovuto** しかるべき、適正な／**anticipo** 早いこと／**sarta**［女］洋裁師、服飾デザイナー／**ricamare**［他］刺繍する

辞書を引いてみよう

　冒頭の文言の中に、結婚式を行なうことを表す表現として「accompagnare all'altare 祭壇に連れて行く」があります。これは通常、花嫁の父親が花嫁を祭壇前で待っている花婿のところまで伴って歩くことを指しますが、ここでは結婚式の日までウエディングドレスを準備するお手伝いをしますよ、というニュアンスで用いています。

　本文の最後から2行目の単語 sarta は一般的には女性の洋裁師を指しますが、洋服に刺繍や飾りなどを施す仕事も兼ねることがあります。訳文にするときは適宜表現を工夫してみてください。

文法

　Abiti da sposa のセクションの3行目の「avrete tutto il tempo すべての時間を持てるでしょう」を説明するのが di scegliere...と di valutare...であることが見分けられると全体像を早くつかむことができます。

最後から2行目 che ricamerà i vostri desideri...の部分は la sarta を先行詞とする関係詞節です。「ricamare 刺繍する」が未来形で用いられているので、シンプルに訳せば「あなたたちの希望を刺繍するでしょう」となります。そのまま訳してもよいのですが、あらかじめ相談することで打ち合わせや調整の時間を取ることができ、それによって希望する刺繍がなされるといったニュアンスを訳例では出しています。

訳例

あなたのスタイル, あなたのドレス─ウエディングドレス─

　ドレスメーカー、女友達、そして世界中からのトレンドをセレクトする専門家として
　1956年より、花嫁さんの人生最良の日までの道のりをお手伝いいたします。

あなたのウエディングドレス（作り）のための、私たちからのアドバイス：最初の予約

ウエディングドレス

　ご自身のウエディングドレスを選ぶために、私たちがお勧めするのは結婚式の日取りから少なくとも6か月前にはアトリエ（店）に最初の予約をお取りいただくことです。

　そうすれば、あなたがより美しく映えるドレスを落ち着いて選ぶことができますし、ネックラインの深さの調節や肩紐の追加など、場合によって調節やお直しが必要かどうか吟味する時間を十分にとることができます。また、事前に相応のお時間をいただくことで、職人とのアポイントメントを取り、あなたの人生最良の日のドレスにご希望の刺繍をご注文いただけます。

28 スポーツ：サッカー

イタリアのスポーツを代表するサッカー。そのプロスポーツの最高峰のリーグが「セリエA」です。serieは単数・複数形で変化しない女性名詞で、「一続き、シリーズ」を表します。スポーツでは「リーグ、クラス」の意味で、音楽では現代音楽の「セリー、音列」の意味でも使われます。

ここでは「セリエA」（発音はセリエ・ア）の名門チームのユニホームの由来について読んでみましょう。ミランの「赤・黒」、インテルの「黒・青（アッズッロ）」、ユヴェントスの「白・黒」など、熱狂的なファンによるスタジアムの大合唱でもユニフォームに使われている色（チームの象徴カラー）が歌詞として聞こえてきます。本書ではイタリアに数ある名門チームのうち、ミランとユヴェントスのユニフォームの色について探っていきます。

読んでみよう

Milan: diavoli rossi come il fuoco e neri come la paura...

Il fondatore del Milan, l'inglese di Nottingham Herbert Kilpin, voleva creare una squadra di "diavoli rossi come il fuoco e neri come la paura". Non a caso il Milan è chiamato anche "Il Diavolo", che ne è pure il simbolo. Kilpin, che si era trasferito per lavoro in Italia, prima a Torino e poi a Milano, nel 1899 con alcuni ex soci della società sportiva Mediolanum fondò il Milan Football and Cricket Club, che ebbe come primo presidente l'altro inglese Albert Edwards e lo stesso Kilpin come primo allenatore (oltre che giocatore e manager).

Kilpin guidò il Milan anche al suo primo scudetto nel 1901, cui ne sarebbero seguiti altri due in pochi anni. Il Milan è l'unica squadra di calcio delle tre più importanti d'Italia a non aver mai stravolto i suoi colori: rossoneri dall'inizio fino ad adesso.

Juventus: bianconeri per ...errore

All'inizio i colori della Juventus erano il rosa e il nero, gli stessi del Liceo Classico torinese "Massimo D'Azeglio", i cui studenti furono i primi giovanissimi giocatori della squadra (che per questo, appunto, si chiamò Juventus, ossia "gioventù"). Una curiosità: giocavano con la maglia rosa e il papillon (e a volte un cravattino) nero. Nel 1903, il primo calciatore straniero della squadra, l'inglese John Savage, propose di copiare in qualche modo i colori della squadra del Nottingham Forest, una delle squadre più antiche del mondo: rosso con i bordi bianchi. Commissionò le maglie con quei colori ad un'azienda tessile della sua città, Nottingham. Ma vi fu un errore: le maglie che giunsero a Torino non avevano i colori del Nottingham Forest, ma quelli dell'altra squadra di Nottingham, il Notts County, ossia bianco e nero a strisce verticali.

Un'altra versione narra del viaggio dello stesso Savage a Nottingham e del suo incontro con un commerciante tessile, che aveva a disposizione in quel momento solo le maglie del Notts County. E maglia bianconera, per errore o perché non c'era altra possibilità, fu e per sempre restò. Fino ad oggi. Per questo la zebra (bianca e nera) è diventata il simbolo della squadra. Una curiosità: Kilpin e Savage, che scelsero i colori delle maglie rispettivamente del Milan e della Juventus, erano entrambi di Nottingham.

• P. フェデリーギ「サッカー：インテル、ユーヴェ、ミランのユニフォームの由来」
『Focus Junior』HPより
https://www.focusjunior.it/news/news-e-curiosita/curiosita/calcio-origine-colori-maglie-inter-juve-milan/

語彙

Herbert Kilpin：AC ミランの創設者の一人／**squadra**［女］チーム／**diavolo**［男］悪魔／**a caso** たまたま／**trasferirsi**［代動］転居する／**ex**［前］前の、元の／**fondare**［他］創設する、設立する／**come**［副］…として／**guidare**［他］導く／**scudetto**［男］選手権、（選手権を制覇した際にユニフォームに付ける）盾形のワッペン／**stravolgere**［他］変える／**liceo classico** 文化高等学校／**Massimo D'Azeglio** イタリア統一運動期の政治家／**ossia**［接］すなわち／**gioventù**［女］青年、若者たち／**curiosità**［女］好奇心／**papillon**［男］（仏）蝶ネクタイ／**proporre**［他］提案する／**bordo**［男］縁／**commissionare**［他］注文する／**maglia**［女］ユニフォーム／**azienda**［女］企業、商会／**tessile**［形］織物の、繊維の／**strisce verticali** 縦縞線／**versione**［女］バージョン、説明／**narrare**［自］〈di …について〉物語る／**avere** *ql.co* **a disposizione** 自由に使える〈物〉をもつ／**per errore** 誤って／**restare**［自］…のままでいる／**zebra**［女］シマウマ／**scegliere**［他］選ぶ

文法

冒頭部分 3 行目の ne は「悪魔の del diavolo」を受けています。それに続く文を見てみましょう。

Kilpin, che si era trasferito per lavoro in Italia, prima a Torino e poi a Milano, nel 1899 con alcuni ex soci della società sportiva Mediolanum fondò il *Milan Football and Cricket Club,* che ebbe come primo presidente l'altro inglese Albert Edwards e lo stesso Kilpin come primo allenatore (oltre che giocatore e manager).

複数の説明が加えられた長い文章ですが、文の核になる部分が「Kilpin fondò il *Milan...*」だと見分けられれば混乱することなく読み進められます。

100ページの5行目で再び ne が用いられていますが、こちらは「選手権（優勝）については（他に2回）」を受けています。この文での条件法過去（sarebbero seguiti）は、過去から見た未来を表す用法です。

2つ目のトピックの2行目 i cui studenti は「所有の cui」なので、「ダゼーリョの学生たちは」となります。Una curiosità: のコロン（due punti）に注目しましょう。コロンは、その後ろに具体的な説明が加えることを示す句読点なので、それを意識すると文の流れがしっかりと摑めるはずです。また、11行目の quelli dell'altra squadra di Nottingham, il Notts County の部分では、コンマ（virgola）の前の l'altra squadra di Nottingham と後ろの il Notts County が同格（言い換え）であることが理解できるとよいでしょう。

ミラン：炎のように赤く、恐怖のように黒い悪魔たち…

　ミランの創立者であるノッティンガム出身のイギリス人、ハーバート・キルピンが作りたかったのは、「炎のように赤く、恐怖のように黒い悪魔たち」のチームであった。だから、ミランの別名が「イル・ディアヴォロ（悪魔）」で、それがチームのシンボルでもあるのは当然のことである。仕事のためにイタリアに移住したキルピンは、はじめはトリノに、続いてミラノに滞在した。1899年、彼はスポーツ協会「メディオラヌム」の旧会員らとともに「ミラン・フットボール・アンド・クリケット・クラブ」を創立、最初の会長としてもう一人のイギリス人アルバート・エドワーズを据え、キルピン自身は最初の監督（そのうえ選手兼マネージャーでもあった）に就任した。

　キルピンは1901年ミランをその初めてのリーグ優勝にも導き、（その快挙は）わずか数年の間にあと2度繰り返されることとなる。ミランは、イタリアのサッカーチームの3強豪の中で唯一、チームカラーを一度も変えたことがないチームである。創立当初から今まで、ロッソネーリ（赤と黒）だ。

ユヴェントス：間違えて…白と黒

　最初、ユヴェントスのチームカラーはトリノのリチェオ・クラッシコ（古典文学を専門科目とする高校）、「マッシモ・ダゼーリョ高校」のスクールカラーと同じピンクと黒だった。この高校の生徒たちが、チーム最初の若い選手たちだったのだ（実際、ここからチーム名はユヴェントス、つまり「若者たち」となった）。面白いことに、彼らはピンク色のシャツに、黒い蝶ネクタイ（時にはネクタイ）を付けてプレーしていた。1903年、チーム最初の外国人選手であったイギリス人のジョン・サヴァージュがどういうわけか、世界で最も古いサッカーチームの一つであるノッティンガム・フォレストのチームカラー、「赤に白い縁取り」を真似することを提案した。彼は故郷ノッティンガムの縫製加工会社にその色のユニフォームを注文したのだが、しかし、ここで間違いが起こってしまった。トリノに届いたユニフォームはノッティンガム・フォレストの色ではなく、ノッティンガムにあるもう一つのチーム、ノッツ・カウンティの色、つまり白黒の縦縞模様だったのだ。

　（この話の）もう一つのバージョンでは、サヴァージュ自身がノッティンガムに旅をして、その時点ではノッツ・カウンティのユニフォームしか在庫がない、という繊維関係の商人に会う話になっている。間違いであったにせよ、他に選択肢がなかったからにせよ、この白黒のユニフォームがその後も残った。今日までずっと。このことからシマウマ（白と黒）がチームのシンボルになった。

　興味深いことに、ミランとユヴェントスのユニフォームの色を決めたキルピンとサヴァージュは、2人ともノッティンガム出身であった。

29 趣味：映画音楽とニーノ・ロータ

『ゴッド・ファーザー』シリーズなど、映画音楽の作曲家として有名なニーノ・ロータ（Nino Rota 1911-79）ですが、10代前半の頃にはすでにオラトリオやオペラを作曲し、早くからその才能を認められたクラシック作曲家です。

ここでは、彼の仲間たちが語るニーノ・ロータ像を描いたドキュメンタリーDVDのジャケットの解説を読んでみましょう。基本的な読み方をマスターすれば輸入盤のDVDの情報も読み取れるようになり、選択の幅が広がりますよ。

読んでみよう

Un amico magico: IL MAESTRO NINO ROTA
Regia di Mario Monicelli

Il percorso artistico di uno dei maggiori compositori italiani del '900, che ha lasciato un segno indelebile nella storia del nostro cinema. Il film ripercorre ed illustra la sua straordinaria produzione musicale attraverso testimonianze di colleghi e amici, e citazioni da film che sono entrati di diritto nella storia del cinema, da "*La dolce vita*" ad "*Amarcord*", per arrivare a "*Il Padrino*" e a "*Il Padrino - parte II*", per il quale ottenne il premio Oscar.

Mario Monicelli ha realizzato questo documentario per rivolgere un suo personale omaggio al grande Maestro, arricchendo la narrazione con racconti inediti e ricordi personali.

DVD 5
Regione 0
Schermo 1.33:1
Audio Italiano Dolby Digital 2.0
Sottotitoli italiano per non udenti
Durata 58 min. circa

Il film riprodotto in questo DVD può essere utilizzato solo per proiezioni private a carattere familiare. Qualunque altro uso ivi comprese l'esecuzione in pubblico, la trasmissione via cavo o via etere e la duplicazione viola i diritti di copyright e privativa ed è punibile a norma di legge.

語彙

maestro［男］先生、（師）匠／**regia**［女］演出、監督／**indelebile**［形］ぬぐい去れない／**ripercorrere**［他］回想する／**e (d)**［接］そして／**straordinario**［形］並外れた／**attraverso**［前］介して／**testimonianza**［女］証言／**collega**［名］同僚／**citazione**［女］（作品の一部の）引用／**di diritto** 正当に／**quale**［関代］ところの／**ottenere**［他］獲得する／**realizzare**［他］実現する／**documento**［男］ドキュメント映画／**rivolgere**［他］向ける／**personale**［形］個人的な／**omaggio**［男］敬意／**arricchire**［他］豊かにする／**narrazione**［女］物語／**racconto**［男］話／**inedito**［形］未公開の／**ricordo**［男］記憶／**regione**［女］地域／**schermo**［男］スクリーン／**sottotitolo**［男］字幕／**durata**［女］持続時間／**circa**［副］約、およそ／**riprodurre**［他］再生する／**utilizzare**［他］利用する／**proiezione**［女］映写／**carattere**［男］性格／**qualunque**［（不定）形］どの…でも／**ivi**［副］そこに／**compreso**［形］（過分）含まれた／**esecuzione**［女］実行、実施／**in pubblico** 公での／**via cavo** ケーブルを用いての／**via etere** 地上波での／**duplicazione**［女］複製／**violare**［他］侵す／**privativa**［女］独占権／**punibile**［形］処罰に値する／**a norma di legge** 法規の規定に従って

文法

1行目のuno dei maggiori compositori italianiは特殊の形な比較級maggioreに定冠詞の付いた相対最上級で、'900（ノヴェチェントと読む）は「1900年代 Novecento」の意、「uno dei+最上級（una delle+最上級）最高に〜のひとつ」のかたちはよく出てくるので覚えておきましょう。

6行目のper il quale ottenne il premio Oscarでは、関係代名詞qualeが使われています。前置詞をくっつけてcuiと同じように使うことができるだけでなく、定冠詞を伴うため先行詞を明示することができます。il qualeから男性・単数の先行詞だと分かるので、オスカー賞を

獲得したのは『パートⅡ』の方だということがはっきりしますね。

『マエストロ・ニーノ・ロータ〜素晴らしき友〜』

監督：Mario Monicelli

20世紀を代表するイタリア人作曲家の一人（であるロータ）の音楽家としての半生を描く。彼は我々の映画史に消し去ることのできない足跡を残した。この映画は彼の同僚や友人たちの証言を通してその類稀なる作曲活動の軌跡を紹介、回想する。また『甘い生活』や『アマルコルド』、さらには『ゴッドファーザー』と、オスカー賞を獲得した『ゴッドファーザー パートⅡ』など、映画史上、正当に高い評価を受けている数々の映画から名場面を紹介。

マリオ・モニチェッリ監督は、彼個人の思い出や未発表のエピソードなどを物語にちりばめることによって、このドキュメンタリー映画を偉大なマエストロに対する個人的なオマージュとして制作した。

DVD 5
Region:Code 0
画面：1.33:1
音声：イタリア語 Dolby Digital 2.0
字幕：耳が不自由な方のためのイタリア語
上映時間：約58分

このDVDに録画された映画は、家族友人などプライベートな場での上映のみ使用が許されます。その他、公の場所での上映、ケーブル及び地上波を通じての放送、ダビングなどの使用方法は著作権の侵害となり、法的な処罰の対象となります。

30 年金

老後の生活を少しでも安心したものにするために欠かせない制度のひとつが年金ではないでしょうか。年間でいくらの掛け金を払うのか、いつから・どれだけもらえるのかは非常に切実な問題です。

2003年6月9日付労働省令（INPAS Confsal 82号）で承認され、社会保障やその受給に関わる保護・支援を行なっているINPAS ConfsalのHPを読んでみましょう。INPASは民間法律機関ですが、その公益事業は、法律に定められている場合を除いて、無償で行なわれています。

読んでみよう

Pensioni

L'INPS (Istituto Nazionale di Previdenza Sociale) eroga diverse tipologie di prestazioni pensionistiche in base alla gestione o al fondo di appartenenza degli iscritti e ai requisiti contributivi e anagrafici previsti dalla legge. La pensione è una prestazione previdenziale in denaro, periodica e continuativa, erogata individualmente da enti pubblici e privati ai pensionati (i beneficiari di una o più pensioni) in seguito a determinati requisiti: raggiungimento di una determinata età; maturazione di anzianità di versamenti contributivi; mancanza o riduzione della capacità lavorativa per menomazione congenita o sopravvenuta; morte della persona protetta; particolare benemerenza verso il Paese. Presso le sedi del patronato INPAS è possibile fare sia la richiesta di estratto contributivo, sia il calcolo sia la domanda per le diverse tipologie di pensione.

* INPAS公式HPより

https://www.ilpatronato.it/patronato-inpas/servizio-assistenza-consulenza-pratiche-di-patronato/pratiche-pensioni-pubbliche-e-private/

語彙

INPS [男] インプス（全国社会保障機関）／ **erogare** [他] 供給する／ **tipologia** [女] 類型学／ **in base a...** ～に基づいて／ **fondo** [男] 基金→【補足説明】参照／ **anagrafico** [形] 戸籍（上）の →［戸籍からわかる情報、特に年齢を指す］／ **prestazione** [女] 給付／ **periodico** [形] 定期的・周期的な／ **individualmente** [副] 個人的な／ **ente** [男] 法人、機関／ **pubblico** [形] 公の／

privato［形］私的な、民間の／**pensionato**［男］年金受給者／**in seguito a...** ～に関連して／**maturazione**［女］満期／**anzianità**［女］在職期限／**mancanza**［女］不足／**riduzione**, **menomazione**［女］縮小、減少／**congenito**［形］生まれつきの／**benemerenza**［女］功績／**patronato**［男］後援、保護協会

辞書を引いてみよう

2行目のgestioneとfondoは、この文章では「年金の運営を行なっている民間の基金」を指しています（訳例では訳語をあてずにカタカナで残しています）。学習のために訳出する場合には日本語の訳語に引っ張られて文章全体の流れを見失わないようにすることも大切です。

最後の文に出てくる名詞patronatoは字義的には「後援・保護」を意味しますが、年金に関わる手続きや事務処理を円滑に行なうサポートをしてくれるといった意味合いで使われているので、この場合は「年金機構」と理解しておくとよいでしょう。また、同じ文中のcontributivoは辞書に見出し語が立っていないかもしれません。もちろん伊伊辞典を引けばrelativo a contributo, a contribuzioneと出ているので、名詞contributoやcontribuzioneの形容詞ということで、「貢献・寄与・拠出金・税金の」といった意味合いだということが理解できます。伊伊辞典が引けなかったとしても「contribuire ～に貢献する」にかかわる単語だというイメージすることができるでしょう。最終的には名詞estrattoを修飾しているので字義的には「拠出金計算表」、つまり年金受給のために納めた納付記録・明細書を指しています。

文法

最後の文 Presso le sedi del patronato INPAS è possibile fare sia la richiesta di estratto contributivo, sia il calcolo sia la domanda per le diverse tipologie di pensione. に注目してください。ここでは le sedi del patronato INPAS が主語のように見えますが、文頭に前置詞Pressoがあるため主語にはなり得ません。すると「essere ＋形容詞＋不定詞（～することは...である）」という非人称構文が見えてくるでしょう。また、「sia... sia...（～も～も）」が続いていることが理解できると文全体の輪郭をしっかりと摑むことができます。

訳例

年金

INPS（全国社会保障機関）は、被保険者が加入しているジェスティオーネやフォンド（の種類）、また、年齢やこれまでの納付額など法律で定められた条件に応じて、さまざまな種類の年金支給を行なっています。年金とは、継続して定期的に支給される社会保障のお金で、それは公的、私的機関から一定の条件を満たした年金受給者個人（1種類または複数の年金を受給する個人）に支給されます。条件は以下の通り：ある一定の年齢に達すること（訳注：2022年現在の法律では67歳）、保険金の支払い年数（訳注：満期年数は2022年現在、38年、42年10か月など、性別や条件によって変わる）が満期に達すること、先天性、後天性の理由で身体能力が減少することによる労働能力の

第2部

知る

107

喪失または減少、被保険者の死亡、国家への多大な貢献をもたらした時。

　INPAS（年金機構）の各支部では、（これまでの）納付記録の請求や、年金受給額の計算、各種年金支給の申請も行なうことができます。

補足説明

　fondoには、主に業種ごとに異なる労働組合によって運営されているものや、銀行や保険会社によるものがあります。一方のgestioneには、公職の労働者のためのGDP（Gestione Dipendenti Pubblici）があります。これらの年金基金は公的な社会保障年金（INPS）とは別のもので、Previdenza Complementareと呼ばれます。それぞれの団体や機関の運営は公営・私営が入り乱れているだけでなく、法律が頻繁に変わるのでイタリア人でもチンプンカンプン。これは日本でも同じかもしれません。だからこそ年金支給の申請にはパトロナートの助けが必要となるのでしょう。ここで紹介した年金は日本でいう厚生年金に相当するもので、労働者が退職後に受け取るものです。

31 医療

　イタリア国内で仕事をしているか、イタリア人（またはEU市民）と結婚しているなど家庭の事情で滞在許可証を所得してイタリアに居住する外国人は、SSN（Servizio Sanitario Nazionale）と呼ばれる公営の医療サービスに登録することが義務付けられ、イタリア人と同じ条件で医療サービスを受けることができます。また3か月以上滞在する留学生も、希望すれば滞在する年の医療保険料を払うことで同等の権利を得ることができます。

　登録者にはmedico di baseというかかりつけ医（14歳未満の子供には「pediatra 小児科医」）が割り当てられます。病気になった場合、まず、かかりつけ医に相談をします。かかりつけ医は必要に応じて薬の処方や検査、専門医の診察などの「ricetta 処方箋」を発行してくれます。これらのサービスは無料、または専門治療、専門検査料の一部負担のみで行なわれるので安価ですが、それゆえに大変込み合って長い時間待たなければならないこともしばしばです。緊急でない検査などは数か月後の予約しか取れないことも。

　短期滞在の旅行者や、SSNに登録していない学生も緊急時には「Pronto Soccorso 救急医療」と、私立の各種診療所での自費診療を受けることができます。しかし、自費で治療を受ける場合、治療費が高額になる可能性があるので、海外医療保険サービスへの加入が推奨されます。

　ここでの例文は、SSNが行なうC型肝炎のスクリーニング検査への案内です。通常の会話には出てこない医学専門用語（epatico, cirrosi, sintomo など）や、医療制度に関する用語（SSN, CUPなど）に溢れているので最初は難しく見えるかもしれませんが、見かけほど難しくはありませんのでトライしてみましょう。

読んでみよう

L'epatite C è un'infezione pericolosa

Molte persone infettate sviluppano una malattia epatica cronica, che può evolversi in forme molto gravi e progressive che vanno dalla cirrosi al cancro al fegato.

Lo screening è l'unico modo per individuarla

La maggior parte delle persone con epatite C cronica non presenta alcun sintomo o presenta solo sintomi generali come stanchezza cronica e depressione.

Grazie allo screening, è possibile identificare i casi non noti e fornire le giuste terapie, consentendo di scongiurare l'evoluzione della malattia e impedire il contagio di altre persone.

Eliminare l'epatite C è possibile!

Lo screening fa parte dei programmi di intervento a livello nazionale per l'eliminazione dell'epatite C nel nostro paese entro il 2030, un obiettivo fissato dall'Organizzazione Mondiale della Sanità sempre più vicino, grazie al contributo di tutti.

Come prenotare

Prenotare lo screening è facile! Se sei nato tra il 1969 e il 1989 lo screening è gratuito e non serve la ricetta medica. Puoi prenotare il prelievo del sangue attraverso:

- Fascicolo Sanitario Elettronico (FSE)
- Cup Web
- App ER Salute
- Sportello CUP
- Numero verde 800 xx xx xx per prenotazioni telefoniche

Per prenotare sul Fascicolo Sanitario Elettronico, clicca su Servizi online e scegli Prenotazione SSN. Si accede così a Cup web: nel menù laterale è possibile selezionare Nuova prenotazione. Ora puoi selezionare come tipo di prenotazione Prenota prestazioni di sanità pubblica, nell'elenco che appare occorre selezionare HCV REFLEX.

（2021年　ボローニャ県C型肝炎スクリーニング検査の案内より）

• Screening Epatite C — Area Metropolitana di Bologna (ausl.bologna.it)

辞書を引いてみよう

　太字で示された Eliminare l'epatite C è possibile! の頃に出てくる「Organizzazione Mondiale della Sanità（略記：OMS）は世界保健機構を指します。日本では英語表示に慣れているため WHOの方が一般的かもしれません。

　女性名詞prestazioneは、辞書を引くと「貸付、給付」といった訳語が示されていると思いますが、ここでは「プロがサービスを提供すること」の意味（erogazione di servizio と同義）で使われています。

語彙

epatite［女］肝炎／**infezione**［女］感染、伝染／**infettare**［他］感染させる／**epatico**［形］肝臓の／**evolversi**［代動］進化する／**forma**［女］様相、形態／**cirrosi**［女・無変］肝硬変（cirrosi epatica）／**cancro**［男］癌／**fegato**［男］肝臓／**presentare**［他］示す、呈する／**ricetta**（medica）［女］処方箋／**prelievo di sangue** 採血／**accedere**［自］入る／**Cup**→【補足説明】参照／**numero verde** フリーダイヤル番号／**sanità pubblica** 公営衛生（SSNと同義）

文法

　外来語をそのまま取り入れた名詞は基本的に男性名詞になり、冠詞も当然のことながら性と数に対応したものを使います。加えて、発音にも注意が必要です。screeningであれば語頭音が［sk］なので定冠詞はloとなります。

訳例

C型肝炎は危険な感染症です

　この病気に罹ると、多くの人が慢性的な肝臓病を発症します。それは段階的に悪化し、肝硬変や、肝臓がんのような重篤な症状に至る可能性があります。

スクリーニング（検査）は発見の唯一の方法です

　ほとんどの慢性C型肝炎患者は、まったくの無症状、または慢性的な疲労感や抑うつ状態など一般的な症状しか認められません。スクリーニング検査により、気づいていなかった病気を発見して的確な治療を施すことができます。それが、病気の重症化回避と、他の人への感染防止を可能にするのです。

C型肝炎をなくすことは可能です！

　このスクリーニング検査は、2030年までに私たちの国からC型肝炎を撲滅するため、全国規模で行なわれている対策プログラムの一環です。WHOが掲げたこの目標（の達成）は、皆さまの協力により日々（実現に）近づいてます。

予約方法

　検査の予約は簡単です！1969年から1989年までに生まれた方の場合、検査は無料で医師の処方箋も必要ありません。以下の方法で血液採取を予約することができます。

- FSE（オンラインの個人医療カルテ）
- Cup Web（オンラインのCUPサービス）
- ER Saluteアプリ
- CUPの窓口
- フリーダイヤル800 xx xx xxに電話して予約

　FSEで予約するには、Servizi online（オンラインサービス）をクリックして、Prenotazione SSN（SSNの予約）を選択してください。これで、Cup webに入ることができます。脇にあるメニューから

Nuova prenotazione（新しい予約）を選択します。次に、Prenota prestazioni di sanità pubblica（SSN のサービスを予約する）を選択して予約の種類を選びます。表示される（検査）リストの中からHCV REFLEXを選択してください。

補足説明

　スクリーニング（検査）は、病気に罹る危険のある年齢層や性別で、無症状の人を対象に一斉に行なわれる検査のことです。

　CUPは、Centro Unico di Prenotazione（総合予約センター）の略で、公営医療サービスの予約を扱う機関です。公営の病院や診療所、また町の薬局内に窓口があり、この例文のような検査の案内書や、かかりつけ医から処方される専門医による診療や各種検査の依頼書等を提示して、公営病院（または提携している私営クリニック）でのサービスを予約することができます。

緑色の十字が目印のfarmacia「薬局」。
CUP（予約センター）の窓口を設けているところも多い。

32 医療ドラマ

italiano

「医療」とは、国家資格を持った医師が個人の病気を回復させたり、さらなる悪化を阻止する行為を一般的に指します。専門的な内容を理解するためには、その前提として専門知識や用語が求められます。つまり、母語で理解できない内容を外国語で理解することが非常に困難だということです。

とはいえ、イタリアを旅行したり、滞在するなかで体調を崩すこともあるかもしれません。またテレビなどで人気の医療ドラマを見たいと思うこともあるでしょう。ここでは日本でも最近視聴することのできるイタリア発の医療ドラマ「DOC（ドック）」の番組紹介の文章を読んでみましょう。

> **読んでみよう**

TRAMA:

Andrea Fanti è un giovane e brillante primario di Medicina Interna, distaccato e pragmatico, decisamente poco <u>empatico</u>. Fino a che <u>uno sparo non gli spezza in due la vita</u>. A premere il grilletto nella sala d'attesa dell'ospedale è il padre di un paziente deceduto nel suo reparto. Quando si risveglia dal lungo intervento chirurgico, appare subito chiaro che il proiettile ha cancellato dal suo cervello i ricordi degli ultimi dodici anni di vita. La memoria di Andrea si è fermata a un passo dalla morte del figlio Mattia. Non riconosce sua figlia Carolina, perché la sua ultima immagine è di lei bambina e non ricorda nemmeno che a causa della scomparsa di Mattia si è separato dalla moglie, dirigente sanitario nello stesso ospedale. Ora Andrea è finito improvvisamente dall'altra parte. È un paziente inchiodato a un referto inequivocabile: corteccia cerebrale gravemente lesionata. C'è soltanto una cosa che non è cambiata: il desiderio di essere medico. Chiede di poter continuare la sua professione, ma l'unica possibilità che gli viene offerta è quella di ripartire dal basso insieme a chi ha vent'anni meno di lui. Andrea coglie così questa seconda opportunità e scopre che può diventare un medico persino migliore, perché <u>ha vissuto l'ospedale</u> anche da ˋˋmalatoˊˊ.

• テレビ情報誌「Sorrisi e canzoni TV」記事より

https://www.sorrisi.com/tv/fiction/doc-nelle-tue-mani-trama-cast-e-personaggi/

第2部

知る

trama［女］筋立て／**primario**［男］（病院の部局の）医長／**medicina interna** 内科／**pragmatico**［形］実践的な／**sparo**［男］発砲／**grilletto**［男］（銃の）引き金／**deceduto**［形］死去した／**reparto**［男］科、部局／**intervento chirurgico** 外科手術／**proiettile**［男］弾丸／**memoria**［女］記憶（力）／**a un passo da...** 〜のすぐ近く／**a causa di...** 〜のせいで／**dirigente**［名］責任者／**dall'altra parte** 反対の立場／**referto**［男］診断／**inequivobocabile**［形］明確な／**corteccia cerebrale** 大脳皮質／**lesionare**［他］損傷を与える

辞書を引いてみよう

　2行目に出てくるempaticoは伊和辞典の見出し語に入っていないかもしれません。これは、名詞「empatia 感情移入、共感」に対応する形容詞です。下から2行目で使われている動詞「vivere」には注意が必要です。辞書を引いて、訳語を見たらすぐに閉じる方法はおすすめできません。近過去ha vissutoに直接目的語l'ospedaleが続いていますね。すなわちvivereは他動詞として使われていることが分かります。「なんとなく訳せる」を続けていると本当の力はつきません。「確実に訳せる」を目指しましょう。

文法

　2〜3行目のuno sparo non gli spezza in due la vitaでは、間接目的語gli（a lui）と直接目的語la vitaの関係性が摑めるとよいでしょう。直訳だと「彼（アンドレア）における人生を」となりますが、日本語として考える時には「彼の人生を」と捉えてみます。ただし、文の構造を押さえる前に座りのよい訳文を自分勝手に作文することは絶対に避けましょう。

　文の形がしっかり取れるようになったら、直訳から一歩踏み込んで内容をより深く理解するように努めます。例えば、「spezzare in due 二つに折る」は「主人公の人生を」に繋がっているので「狂わせる」のように意訳できるでしょう。また、「inchiodato 釘付けにされた、身動きの取れない」は「（宣告を突きつけられたことによって）どうすることもできない状態の患者」のようなニュアンスまで理解するようにすることで、単なる機械的な訳出作業を原語を読む楽しみへと変化させてくれます。

訳例

あらすじ

　アンドレア・ファンティは若く優秀な内科の医局長。冷たく、現実的で、全く思いやりに欠けるタイプであった。…一発の銃弾が彼の人生を狂わせてしまうまでは。病院の待合室で引き金を引いたのは、彼の医局内で死亡したある患者の父親であった。長い手術のすえに彼が目覚めた時、その銃弾が彼の脳内から直近12年間の人生の記憶を消し去ってしまったことが判明する。アンドレアの記憶は、息子マッティアの死の直前で止まっていた。娘カロリーナのことも、彼女の最後

の記憶が子供の姿なのでわからない。また、マッティアの死が原因で同じ病院の院長である妻と別れたことすら覚えていない。今、アンドレアは突然（これまでとは）逆の立場に立たされていた。大脳皮質に重大な損傷がある、という疑いようのない診断を宣告された患者、という立場である。しかし一つだけ、変わらないことがあった。医者でありたい、という願望である。自身の仕事を続けたい、と願い出た彼に唯一の可能性として提示された条件は、彼より20歳も若い後輩たちとともにイチからキャリアをやり直すことであった。こうしてアンドレアは2回目のチャンスを手にし、病院を「患者」の立場でも経験したがゆえに、今までよりさらによい医師になれるということを学ぶ。

各診療科を示した案内板

病院エントランスの様子

33 死：葬式

イタリアで長年暮らしていると、時には知り合いのお葬式に参列しなければならないこともあります。日本では全身黒の喪服を着て参列するのが常識ですが、イタリアでは亡くなった方の近親者以外は平服で参列します。もちろん派手な色や柄、肌の露出が多い服などは避け、控えめでカジュアルすぎない服装を心がけましょう。告別式に参加できない場合は手書きのメッセージや弔電、花束などをご遺族宛てに送って弔意を表すこともできますが、まわりのイタリア人にその土地の習慣を訊ねるのが賢明です。

ここでご紹介するのはナポリを中心に南イタリアにある伝統で、故人の家族が哀しみの中でも食事をとって力を出せるように、近親者が朝食用の甘い菓子類とポットに入れた温かいコーヒーを持ち寄る「オ・クオンツォロ」というものです。

読んでみよう

L'espressione dialettale partenopea "cuonzolo" ha la sua radice nel verbo "consolare" ed è espressamente connotata con l'abitudine di offrire qualcosa da mangiare alla famiglia del defunto quando ci si reca per porre le proprie condoglianze: è un gesto generoso nei confronti dei familiari che nel momento della sofferenza non hanno né tempo né voglia di mangiare o preparare qualcosa per sé o per gli altri ed è allo stesso tempo una forma di sostegno fisico e morale per rimettere in forze i condolenti impegnati con la preparazione del funerale e le pratiche burocratiche.

[...]

Diverse tipologie di "cuonzolo"

Molto più consistente e sostanzioso è **"'o cuonzolo" a metà giornata**, quando anche vicini, conoscenti, amici che sono venuti a conoscenza dell'evento luttuoso si apprestano a portare cibo per sostenere la famiglia affinché vi sia da mangiare per tutti senza che i familiari si preoccupino di preparare da mangiare o fare la spesa in simili frangenti. La generosità partenopea si manifesta anche attraverso le quantità di cibo offerto: mozzarelle, minestre calde, torte salate, pasticci di patate, pizza da consumare nella giornata e anche nei giorni successivi. A volte, l'usanza si protrae per diversi giorni dopo il funerale, soprattutto da parte di coloro che non hanno potuto partecipare alle esequie o non hanno potuto porgere le proprie condoglianze e non possono presentarsi a mani vuote. Ecco che nei giorni successivi il funerale, è più ricorrente "**o cuonzolo di zucchero e caffè**": I visitatori meno vicini alla famiglia, i conoscenti o i familiari lontani quando hanno l'occasione di recarsi in visita per porgere le condoglianze o mostrare la propria vicinanza nel dolore si muniscono di pacchi di caffè, zucchero e biscotti secchi o cioccolatini da portare in dono.

- オンライン情報誌「Napoli Fans」2020年3月18日記事より（一部省略）

Napoli: la tradizione partenopea del "cuonzolo" - Napoli Fans

語彙

partenopeo［形］ナポリの／**espressamente**［副］ことさらに、はっきりと／**defunto**［男］故人、死者／**condoglianza**［女］（複数で）弔辞／**pratiche burocratiche** 事務的な処理／**consistente**［形］内容の充実した／**frangente**［男］非常事態、苦境／**munirsi**［再］用意する

文法

　冒頭で「オ・クオンツォロ」について触れましたが、この「O オ」はナポリ方言では定冠詞（男性・単数）になります。ですから有名なカンツォーネ「オ・ソレ・ミオ」はイタリア語で言えばIl sole mioになります。ちなみに間投詞「おお」ではないので［オー］のように長音で発音するのは間違いです。

　3～4行目のquando ci si reca per porre le proprie condoglianzeは、「recarsi おもむく、行く」の非人称の形です。「非人称の si」と「再帰の si」が連続するのを避けるためにci siとなっています。

　続く5行目からのnon hanno né tempo né voglia di mangiare o preparare qualcosaは、否定の表現で「né... né... ～も、～もない」を見つけることができると全体の形を素早く見極めることができます。

　2つめのセクション「クオンツォロのさまざまな形」の4行目から始まるフレーズ affinché vi sia da mangiare per tutti senza che i familiari si preoccupino di preparare da mangiare o fare la spesa in simili frangentiでは、接続法の動詞が2つ出てきますが、これは接続詞「affinché ～するように」や「senza che ～でないのに」に導かれる節では接続法を用いるからです。接続詞に鍵がある接続法の表現も復習しておくとよいでしょう。

　ナポリ方言の "*cuonzolo*"（クオンツォロ）という表現は consolare（慰める）という動詞に語源を
もち、弔意を示すために故人の家族を訪ねる時、何か食べるものを持ち寄る習慣について特に使
われる言葉です。これは、哀しみのなか、自分自身や他の人のために何かを料理したり、食べた
りする時間や気力がない遺族のために行なわれる思いやりの行動であり、同時に、葬儀の準備や
事務的な処理に追われる遺族が元気を取り戻せるように、との身体的、精神的な応援の形でもあ
ります。[中略]

"cuonzolo" のさまざまな形

　"**'o cuonzolo a metà giornata**"（昼のオ・クオンツォロ）と呼ばれるものはさらに内容の充実
した、ボリュームのあるものです。近所の人や知人、友人たちにも不幸なニュースが知れ渡ると、
遺族を励ますために、このような苦境において、食事の心配をしたり買い物をしたりせずとも皆
が食べ物に困らないように、と料理を持ち寄るのです。ナポリ人の寛大さは、持ち寄られる食料
品の量にも表れます。モッツァレッラ、温かいスープ、トルタ・サラータ（塩味のケーキ、キッシュ）、
ポテトのオーブン料理、ピッツァなど、その日だけでなく翌日、翌々日にも亘って食べられる量
です。そして時に、この習慣は葬儀の後何日も続きます。特に葬儀に参加できなかった人、それ
ぞれの弔意を表す機会を逃した人たちが手ぶらで訪れるのを避けるからです。こうして、葬儀の
後には "**'o cuonzolo di zucchero e caffè**（コーヒーと砂糖のオ・クオンツォロ）" がより一般的に
なります。遺族にあまり近しくない訪問者、遠い親戚や知人などが弔意を示し、哀しみを共有す
るために遺族を訪問する機会がある時には、コーヒーのパック（訳注：家庭用のコーヒーの粉）、砂糖、
クッキー、チョコレートなどを贈り物として持参します。

italiano

第3部

深める

34 イタリア共和国の国章

　国章は国旗とともに用いられる国家の紋章です。国際法では、他国の国章を尊重したり、保護する義務をお互いに負っています。日本の場合、法的には制定されていませんが、菊の紋章がそれに当たるとされています。ここでは、イタリア共和国の国章に込められた意味を見てみましょう。

読んでみよう

Lo vediamo dappertutto ma vi siete mai chiesti cosa significano questi simboli sull'emblema della Repubblica italiana?

Ha 4 elementi: l'ulivo, la stella, la ruota e la quercia.

L'ulivo simboleggia la volontà di pace della nazione, sia nel senso della concordia interna che della fratellanza internazionale.

Il ramo di quercia che chiude a destra l'emblema, incarna la forza e la dignità del popolo italiano.

Entrambi, poi, sono espressione delle specie più tipiche del nostro patrimonio arboreo.

La ruota dentata d'acciaio, simbolo dell'attività lavorativa, traduce il primo articolo della Carta Costituzionale : "L'Italia è una Repubblica democratica fondata sul lavoro".

La stella è uno degli oggetti più antichi del nostro patrimonio iconografico ed è sempre stata associata alla personificazione dell'Italia, sul cui capo essa splende raggiante.

• Serena Coppetti『私のはじめての新聞』記事より

https://www.ilmioprimoquotidiano.it/emblema-della-repubblica/

語彙

dappertutto［副］至る所で／**simboleggiare**［他］象徴する／**incarnare**［他］具体的な形で表す／**dignità**［女］威厳、品格、気高さ／**entrambe**［代］両者（女性複数形はentrambe）／**arboreo**［形］木の／**ruota** dentata［女］歯車／**costituzione**［女］憲法／**personificazione**［女］擬人化／**raggiante**［形］光を放つ

辞書を引いてみよう

　「specie 種類」は単数・複数で変化しない女性名詞。traduceは不規則変化動詞tradurreの直説法・現在・3人称単数形です。電子辞書等で検索すれば活用形から原形を導き出すことは簡単ですが、自分の頭の中で導き出せるようになるとよりスムーズに原文を読めるようになります。

　8行目に出てくるpoiは辞書を引くと「それから」のような訳語が出てくると思います。前後関係によって必ずしも「後」という意味だけでなく、「しかし、結局、つまり」のように、それまでの結果として以下のことが…といったニュアンスを示すこともあります（訳例では「実際」としました）。

文法

　1行目のvi siete mai chiestiは chiedersi［代動］の近過去の形です。mai を伴って、「これまでに自問したことがありますか」の意味になります。3つ目の文ではsia... che...の形が見えると文意が楽に取れるでしょう。最後の文に出てくるuno degli oggetti più antichi di...は相対最上級の表現で「最も〜の中のひとつ」という意味になります。同じ文の最後の「sul cui capoは、「所有のcui」に前置詞が付いた形です。先行詞がl'Italiaなので、意味としては「イタリアの頭上に」となります。

訳例

　イタリア共和国の国章を私たちはあらゆるところで目にしますが、そこにあるシンボルが何を意味するか、考えたことはありますか?

　そこにはオリーブの木（枝）、星、輪、樫の木（枝）の、4つの要素があります。

　オリーブの枝は国家の平和への希求──国内の調和とともに、国際的な友愛をも求めていることを象徴しています。国章の右側を囲む樫の枝は、イタリア市民の力と尊厳を表しています。実際（オリーブも樫も）両方とも、私たちの持つ樹木体系の、最も典型的な例であると言えます。鋼鉄の歯車は、労働活動のシンボルです。これは憲法第1条「イタリアは、労働に基礎を置く民主的共和国家である」という部分を表現しています。星は、私たちの図像学の歴史でも最も古くから用いられているものの一つで、イタリアを擬人化する時には常に（関連付けられ）、その頭上に光輝く星が描かれてきました。

35 イタリア共和国憲法

　憲法とは、国の最も重要な法律であり、他のすべての法律が尊重しなければならない基本原則です。憲法では、国家の基礎となる価値観を定義し、その組織と規則を定めたものなので、すべての国民は憲法に精通している必要があるのです。ここではイタリアの国の形を知るために、イタリア共和国憲法を原文で読んでみましょう。

　イタリア共和国憲法は1947年に成立、1948年に施行されたイタリア共和国の憲法です。共和制の政治体制を前提として、個人の基本的人権の保障とともに社会連帯を重んじています。

　第二次世界大戦後の教育状況や識字率の低さを考慮して、全国民が理解できる憲法を作ろうとした点も見逃せません。言語学者のデ・マウロによると、共和国憲法は9369語から成り、同じ単語や語の変化・活用を考慮すると1357語で構成され、このうち1002語はイタリア語の基本語彙に含まれるものが使われているそうです。

　憲法作成にあたり、すべての国民が理解できる可能な限りシンプルで明解な言葉で作られるという方針が重視されました。

　イタリア共和国憲法は、3部・139条で構成されています。

　第一部となる第1条から第12条では、基本原則が定められ、常に有効な原則となります。「民主主義」「平等」「連帯」「自由」「平等」など、国家の基礎となる価値観が記されています。

　第二部となる第13条から第54条では、市民の生活に関するもの——市民の権利と義務

国会議事堂のあるカンピドリオ広場（ローマ）

——が定められています。人々の生活に重要な権利を国家が保証することを約束すると同時に、市民は他者との関係においてとらなければならない行動の義務を負います。

　第三部となる第55条から第139条には、国家の機能に関することが定められています。国家が組織され、確立される方法を、重要なものと位置付け、「誰が法律を作るのか（立法）」「誰がそれを実行するのか（行政）」「誰がそれを遵守するのか（司法）」と明示しています。

　イタリアは日本と同様、民主主義国家です。民主主義（democrazia）はギリシャ語のdemosとkratosに由来する言葉で、人民による政治を意味します。共和制をとるイタリア共和国は、主権が国民に属する政治形態であり、すべての国民が代表者を選出することで、共同体のために参加して、意思決定することができる国です。選挙権を与えられる年齢に達した市民は投票を行ない、代表者を選出することが求められます。

　それでは、早速イタリア語で共和国憲法のいくつかの条項を読んでみましょう。非常に明快に示された考え方がイタリア語で理解できることでしょう。

読んでみよう

Principî fondamentali
ART. 1. L'Italia è una Repubblica democratica, fondata sul lavoro. La sovranità appartiene al popolo, che la esercita nelle forme e nei limiti della Costituzione.

語彙

democratico［形］民主主義の／**appartenere**［自］〈a〉…に属する／**esercitare**［他］行使する／**costituzione**［女］憲法

訳例

基本原則
第1条：イタリアは、労働に基礎を置く民主的共和国家である。 主権は国民にあり、国民は、憲法の定める形式および 制限範囲内でこれを行使する。

解説

　主権は国民にあり、国民は憲法の定めるところにより、その範囲内で主権を行使する。これは、イタリアが民主共和国であり、国民が主権者であり、すべての人に影響を与える決定を下す権利を有していて、国民が投票によって国を統治する任務を与える代表者を選び、その権利を行使するということです。労働によって、すべての国民は自らを向上させ、地域社会のための福祉や富を生み出す機会を得ることができるという考え方が、憲法の最初に示されています。

ART. 3. Tutti i cittadini hanno pari dignità sociale e sono eguali davanti alla legge, senza distinzione di sesso, di razza, di lingua, di religione, di opinioni politiche, di condizioni personali e sociali. È compito della Repubblica rimuovere gli ostacoli di ordine economico e sociale, che, limitando di fatto la libertà e l'eguaglianza dei cittadini, impediscono il pieno sviluppo della persona umana e l'effettiva partecipazione di tutti i lavoratori all'organizzazione politica, economica e sociale del Paese.

語彙

cittadino［男］市民／**dignità**［女］尊厳／**sociale**［形］社会の／**eguale**［形］等しい／**davanti a** 〜の前／**legge**［女］法律／**distinzione**［女］区別／**opinione**［女］意見・見解／**politico**［形］政治の／**personale**［形］個人の／**sociale**［形］社会の／**compito**［男］課題・務め／**rimuovere**［他］除去する／**ostacolo**［男］障害／**ordine**［女］順番・秩序／**economico**［形］経済の／**fatto**［男］事実／**la libertà e l'eguaglianza** 自由と平等／**impedire**［他］阻止する／**sviluppo della persona umana** 人間形成／**effettivo**［形］効果的な・実質的な／**partecipazione**［女］参加・参画／**lavoratore**［男］労働者／**organizzazione**［女］組織／**paese**［男］国

文法

　難しい文法知識がなくても単語をこまめに引くことで意味が理解できる明快な文です。limitando は他動詞 limitare（制限する）のジェルンディオです。

訳例

第3条：すべての市民は同等の社会的尊厳を有し、性別、人種、言語、宗教、政治的見解、個人的および社会的状況 により区別されることなく、法の前に平等である。 市民の自由、平等を事実上制限し、人間の完全な形成およびすべての労働者の政治的、経済的、社会的組織への実質的参画を阻止する経済的および社会的秩序への障害を除去することは、共和国の務めである。

解説

　すべての市民は法の前では平等であり――（当たり前のことですが地位の違いによって）裁かれない人がいてはいけない――、困難な状況にある国民を助けるために尽力し、すべての人に自由や平和、社会（国の）生活への参加を保障するのが国の役目だ、と記されています。

読んでみよう

ART. 7. Lo Stato e la Chiesa cattolica sono, ciascuno nel proprio ordine, indipendenti e sovrani. I loro rapporti sono regolati dai Patti Lateranensi.
ART. 8. Tutte le confessioni religiose sono egualmente libere davanti alla legge. Le confessioni religiose diverse dalla cattolica hanno diritto di organizzarsi secondo i propri statuti, in quanto non contrastino con l'ordinamento giuridico italiano.

語彙

ciascuno［不代］（単数のみ）それぞれ／**ordine**［男］秩序、体制／**indipendente**［形］独立した／**sovrano**［形］至上権を持つ／**Patti Lateranesi** ラテラノ条約（協定）／**confessione religiosa** 宗教上の信条 ／**diritto**［男］権利／**in quanto...** ～のかぎりにおいて／**contrastare**［自］矛盾している／**giuridico**［形］法制上の

訳例

第7条：国家とカトリック教会は、それぞれの体制において独立であり最高主権を持つ。両者の関係は、ラテラノ協定により規定する。
第8条：信仰は、法の前ですべて平等である。カトリック教と異なる各宗教は、イタリアの法制度に 違反しない限り、それぞれの規則において組織を形成する権利を持つ。

解説

　この条項はイタリアならではでしょう。国家と宗教（カトリック教会）の関係はラテラノ条約で規定されているので、それに従うということです。また、イタリア国家においてすべての宗教は平等であることも記されています。

ART. 11. L'Italia ripudia la guerra come strumento di offesa alla libertà degli altri popoli e come mezzo di risoluzione delle controversie internazionali; consente, in condizioni di parità con gli altri Stati, alle limitazioni di sovranità necessarie ad un ordinamento che assicuri la pace e la giustizia fra le Nazioni; promuove e favorisce le organizzazioni internazionali rivolte a tale scopo.

語彙

ripudiare［他］認めない／**offesa**［女］侵害／**popolo**［男］国民、人民、民族／**mezzo**［男］手段、方法／**controversia**［女］論争、意見の食い違い／**limitazione**［女］制限、抑制／**necessario**［形］必要な／**assicurare**［他］保障する／**giustizia**［女］正義／**Nazione**［女］国家／**promuovere**［他］振興する／**favorire**［他］支援する／**rivolto**［過分］（一定の方向に）振り向いた／**tale**［指形］こうした

文法

　最終行のrivolte a tale scopoの指示形容詞「tale こうした」は何を指しているでしょうか。指示語が出てくる時にはそれが何を指しているのかをしっかり押さえるようにしましょう。ここでは「assicurare la pace e la giustizia 平和と正義を保障する」という「scopo 目的」です。

訳例

第11条：イタリアは、他国民の自由を侵害する手段および国際紛争の解決手段としての戦争を否認する。他国と同等の条件において、国家間の平和と正義を保障する制度に必要とされる主権の制限に同意する。平和と正義の保障を目的とした国際機関を振興し、支援する。

解説

　この条項も大切です。これは、イタリア国家は戦争を拒否し、国家間の意見の相違を解決する手段として戦争を行なうことを認めない、と宣言しています。

---

36 イタリアの地理と自然

イタリア共和国は、アドリア海、イオニア海、地中海に囲まれたブーツの形をしたイタリア半島と、シチリア島、サルデーニャ島をはじめとする周辺の島々から成ります。日本と同様、南北に細長い国土は四季折々、変化に富んだ豊かな自然に恵まれています。

読んでみよう

La ricchezza e la straordinaria varietà dei paesaggi italiani sono note a tutti coloro che hanno visitato la penisola. I motivi della varietà sono numerosi: bisogna innanzitutto osservare che l'Italia ha una notevole estensione in latitudine, pari a circa 130 km da nord a sud. Nella parte continentale al confine con la Francia, la Svizzera, l'Austria e la Slovenia c'è la catena montuosa delle Alpi, dove ci sono le vette più alte d'Italia come il Monte Bianco (4810m) e il Monte Rosa (4633m). Inoltre la penisola è circondata dai mari Tirreno e Ligure a Ovest, Mediterraneo a Sud, Adriatico e Ionio a Est ed ha uno sviluppo costiero considerevole di quasi 7500km.

ドロミテの山々（トレンティーノ＝アルト・アディジェ州、ガルディナ峡谷）

第3部

深める

paesaggio［男］景観、風景／**penisola**［女］半島／**estensione**［女］範囲、領域／**latitudine**［女］緯度（longitudine［女］経度／settentrionale［形］北の、北側の／meridionale［形］南の、南側の）／**al confine con** …と国境を接して／**catena montuosa**［女］山脈／**vetta**［女］頂上／**circondare**［他］囲む／**sviluppo**［男］展開／**costiero**［形］沿岸の、海岸の／**considerevole**［形］著しい、相当な

数字の読み方

130：centotrenta

4810：quattromilaottocentodieci

4633：quattromilaseicentotrentatré

7500：settemilacinquecento

　イタリア半島を旅したことがある人は誰でも、イタリア各地の風景が豊かで、非常にバラエティーに富んでいることを知っています。景観の多様性には多くの理由があります：まず考慮すべきは、イタリアの国土が、南北約130kmにわたるかなり幅広い緯度を占めているということです。フランス、スイス、オーストリア、スロベニアと国境を接する大陸部にはアルプス山脈があり、モンテビアンコ（4810 m）、モンテローザ（4633m）などイタリアで最も高い山々が連なっています。そのうえ、半島は西をティレニア海とリグーリア海、南を地中海、東をアドリア海とイオニア海に囲まれており、およそ7500kmもの、かなり長く伸びる海岸線を有しています。

●行政区分

　イタリアの国家政治の中心は首都であるローマに置かれています。地方政治は20の州（regione）により、それぞれの州都を中心に行なわれています。また、これらの州は107の県（provincia）に分かれ、さらに小さい行政区分である市や村（comune, frazione）をまとめています。

20の州と州都（北から南へ）

1.	**Piemonte** (capoluogo:Torino)	ピエモンテ州（州都：トリノ）
2.	**Valle d'Aosta** (Aosta)	ヴァッレ・ダオスタ州（アオスタ）
3.	**Liguria** (Genova)	リグーリア州（ジェノヴァ）
4.	**Lombardia** (Milano)	ロンバルディア州（ミラノ）

5. **Trentino - Alto Adige** (Trento)	トレンティーノ＝アルト・アディジェ州（トレント）
6. **Veneto** (Venezia)	ヴェネト州（ヴェネツィア）
7. **Friuli-Venezia Giulia** (Trieste)	フリウリ＝ヴェネツィア・ジュリア州（トリエステ）
8. **Emilia-Romagna** (Bologna)	エミリア・ロマーニャ州（ボローニャ）
9. **Toscana** (Firenze)	トスカーナ州（フィレンツェ）
10. **Umbria** (Perugia)	ウンブリア州（ペルージャ）
11. **Marche** (Ancona)	マルケ州（アンコーナ）
12. **Lazio** (Roma)	ラツィオ州（ローマ）
13. **Abruzzo** (L'Aquila)	アブルッツォ州（ラクイラ）
14. **Molise** (Campobasso)	モリーゼ州（カンポバッソ）
15. **Campania** (Napoli)	カンパーニア州（ナポリ）
16. **Puglia** (Bari)	プーリア州（バーリ）
17. **Basilicata** (Potenza)	バジリカータ州（ポテンツァ）
18. **Calabria** (Catanzaro)	カラブリア州（カタンザーロ）
19. **Sicilia** (Palermo)	シチリア州（パレルモ）
20. **Sardegna** (Cagliari)	サルデーニャ州（カリアリ）

第3部

深める

読んでみよう

Le prime 8 regioni formano l'Italia Settentrionale; le altre, dalla Toscana all'Abruzzo, fanno parte dell'Italia Centrale, e, dal Molise alla Sardegna, dell'Italia Meridionale. Nell'unità della Repubblica Italiana, sancita dalla Costituzione, esistono, oltre alle regioni a statuto ordinario, anche quelle a statuto speciale, che sono: Valle d'Aosta, Trentino-Alto Adige, Friuli-Venezia Giulia, Sicilia, e Sardegna.

語彙

fare parte di …に参加する、加わる、…のメンバーである／**sancire** [他] 認可する、承認する／**statuto** [男] 基本法、規約

　はじめの8州は北イタリアを形成しています。その他の州、トスカーナからアブルッツォまでを中部イタリア、そしてモリーゼからサルデーニャまでを南部イタリアとして分類します。イタリア共和国の統一に際して定められた憲法によると、通常の法律による州とは別に、（特別自治州として）特別な法律を持つ州があります。それはヴァッレ・ダオスタ、トレンティーノ＝アルト・アディジェ、フリウリ＝ヴェネツィア・ジュリア、シチリア、サルデーニャの各州です。※

※特別自治州とは

　イタリアにある20の州は、「特別自治州 regione autonoma a statuto speciale」と「通常州 regione a statuto ordinario」に分けられ、特別自治州は5つあります。この5つの特別自治州は、イタリア共和国憲法116条において特別な地位を持つと規定された州で、シチリア、サルデーニャ、トレンティーノ＝アルト・アディジェ、ヴァッレ・ダオスタ（1948年）、およびフリウリ＝ヴェネツィア・ジュリア州（1963年）になります。

　特別自治州には一定の分野における独占的な立法権が認められていて、通常州よりも大きな地方自治権を有しています。

リグーリア海の入り組んだ海岸（リグーリア州、チンクエテッレ）

37

11：イタリアと自然

季節：四季

イタリアでは地域によって差があるものの、四季の変化と人々の暮らしが豊かに結びついています。

言葉の面で言えば、「春 la primavera」と「夏 l' estate」が女性名詞、「秋 l' autunno」と「冬 l' inverno」が男性名詞です。「春に」のような表現では、前置詞 in を使います。それぞれの季節の形容詞 primaverile, estivo, autunnale, invernale も覚えておくと便利です。

食の話だと、4種類の味を堪能できるピッツァを Quattro stagioni と言います。最後に音楽であればヴィヴァルディ作曲の協奏曲《四季 Le quattro stagioni》が思い浮かびます。

パドヴァ大学：ガリレオの教壇

読んでみよう

La differenza tra stagioni astronomiche e stagioni meteorologiche

Per gli astronomi e i comuni mortali l'autunno 2022 inizia ufficialmente il 23 di settembre, ma per i meteorologi è iniziato il primo di settembre. È una regola che vale per tutte le stagioni: l'inizio di ogni singola stagione è fissata, per convenzione, il primo giorno del mese nel quale cade l'inizio della stagione astronomica. Perché questo pasticcio di date? Per semplicità e convenienza: ci sono infatti almeno un paio di buoni motivi per i quali vale la pena fare partire le stagioni meteo a inizio mese.

LA DISPOSIZIONE BARICA

La prima e forse più importante buona ragione è la disposizione (sull'intero globo) delle alte e basse pressioni che contraddistinguono il quadro di una stagione. Di solito, queste iniziano a mostrare i segni della nuova stagione in arrivo circa due o tre settimane prima dell'equinozio (o del solstizio). Per esempio, le principali disposizioni delle alte e basse pressioni del 15 luglio o del 15 di agosto (piena estate) sono ben diverse da quelle del 15 settembre - che è ancora estate dal punto di vista astronomico: nei primi due casi si ha un vero quadro estivo, mentre nel secondo il quadro è già molto vicino a quello autunnale. Dal punto di vista meteorologico il 15 settembre è insomma già autunno.

STATISTICHE E LINGUAGGIO

Il secondo motivo per il quale si preferisce far iniziare le stagioni meteorologiche a inizio mese riguarda gli studi statistici. Poiché le stagioni durano "tre mesi", e poiché l'analisi climatologica mensile viene effettuata dal primo giorno del mese all'ultimo, è più ragionevole fare blocchi di tre mese per ogni stagione a partire dell'inizio di ciascuno di essi. Solitamente si dice, ad esempio, "il mese di giugno è stato il più caldo dal...", così come "è stato il dicembre più freddo da...". Certamente non avete mai sentito dire "dal 23 settembre al 23 ottobre si sono avuti i giorni più...".

[...]

Per farla breve, è una questione di praticità: inverno ed estate iniziano il 1° di dicembre e di giugno e finiscono l'ultimo di febbraio e di agosto, mentre primavera e autunno iniziano il 1° di marzo e di settembre e finiscono l'ultimo di maggio e di novembre.

• Luigi Bignami「オンライン Focus（2022年8月31日）記事」より

  https://www.focus.it/scienza/scienze/stagioni-astronomiche-e-meteorologiche

語彙

astronomico［形］天文（学）の／**meteorologico**［形］気象（学上）の／**valere**［自］価値がある、重要である／**per convenzione** 約束事として／**pasticcio**［男］混乱、ごちゃごちゃ／**convenienza**［女］つり合い、好都合／**barico**［形］気圧の／**alte e basse pressioni** 高気圧と低気圧／**contraddistinguere**［他］（他のものと比べて）特徴づける／**solstizio**［男］（天文学用語）至点＊／**per farla breve** はしょって言えば

＊ここでのequinozioとsolstizioは4つの季節の変わり目を指します。単独だとピンと来ないかもしれませんが、日本語の「春分と秋分、夏至と冬至」と考えれば理解しやすいでしょう。

・equinozio［男］昼夜平分時 → equinozio di primavera (autunno) ＝ 春分・秋分の日

・solstizio［男］至点 → solstizio di estate (inverno) ＝ 夏至・冬至

辞書を引いてみよう

最初に出てくるi comuni mortaliは辞書の訳語をそのまま当てはめても意味が摑めないかもしれません。そのような場合にはまず品詞に着目して、形容詞comuneと名詞mortaleの関係性を把握します（文法上はcomuneを男性名詞と取ることも可能ですが「いずれは死にゆく市町村」だと文意が繋がらなくなるので、ここでは違うと判断）。mortaleを名詞で取れば「人間」の意味なので、comuneを「ありふれた・並の・平凡な」の意味で理解すれば、「偉い人たちとは違ってわれわれ一般人は」といったニュアンスが摑めるでしょう。

文法

131ページの第1段落4行目のnel quale、6〜7行目のper i qualiはどちらも前置詞を伴った関係代名詞です。それぞれin cuiとper cuiに置き換えることができますが、qualeを使うことで先行詞の性・数を明示できます。

それでも先行詞の候補が複数ある場合には関係代名詞節の意味合いと合致するものを選ばなくてはなりません。前者ではl'inizio della stagione astronomica cade in...に続く語が先行詞なのでil primo giorno (del mese) だということが分かります。後者の場合、男性・複数はbuoni motivi が先行詞であることがすぐに理解できます。

La disposizione barica の段落3行目に出てくるqueste は指示代名詞（女性・複数）で一見難しそうには思えない語ですが、これが何を指しているのかを意識することは非常に大切です。queste の前に出てくる女性・複数の名詞がpressioni alte e basse だと分かれば、高気圧と低気圧が「iniziano a... 〜し始めると」のように文が続くことがクリアになります。

天文学の四季と気象学の四季の違い

　天文学者や、われわれ一般人にとって2022年の秋が正式に始まるのは9月23日ですが、気象学者にとっては、秋は9月1日に始まりました。この規則はすべての季節に当てはまります。つまり、各季節の始まりは、天文学的にその季節が始まる月の1日（初めの日）と慣習的に決められているのです。なぜこのような日付の混乱が起きているのでしょう。それは便宜上の理由からです。事実、気象学上の季節を（わざわざ）月初めから始めさせるのに値する有効な理由が、少なくとも2つあるのです。

気圧の配置

　ひとつ目の、そしておそらく、より重要な理由は、その季節を特徴づける（地球全体の）高気圧と低気圧の配置です。通常、これらの気圧は春分や秋分の日（または夏至と冬至）の2，3週間前に、これから来る新しい季節の傾向を示し始めます。例えば、7月15日や、8月15日（つまり真夏）の代表的な高-低気圧の配置は、暦の上ではまだ夏である9月15日の気圧配置とは明らかに違います。最初の2つの例では、まさに夏の気圧配置が見られますが、ふたつ目の方（訳注：9月の方）では、すでに秋特有の気圧配置にごく近い状態になっています。要するに、気象学的には9月15日はすでに秋なのです。

統計と表現方法

　気象学的な季節の開始を月初めにしようとするふたつ目の理由は、統計学に関連しています。ひとつの季節の期間が（およそ）3か月、そして月間の気象情報の統計は月の初日から月末までで集計されますから、ひとつの季節につき3か月のブロックを作り、それぞれをその月の初日から始める方が理にかなっています。例えば、「6月は…より暑い月でした」とか、「…より寒い12月でした」など、普通はこのように言いますね。もちろん、「9月23日から10月23日までの間は…な日がありました」などという表現を皆さんは聞いたことがないでしょう。

［中略］

　簡単に言ってしまえば、実用性の問題なのです。冬と夏は12月1日と6月1日に始まり、2月の末と8月の末に終わります。そして、春と秋は3月と9月の1日に始まって、5月と11月の末に終わります。

38 気候

イタリアでは日本と同じように四季の豊かな変化を感じることができます。南北に伸びるイタリア半島では、都市によって気候に差があり、沿岸部や島嶼部と山岳部でもそれぞれ特徴があります。首都ローマと東京の年間の気温はほぼ同じですが、夏は日差しも強く乾燥しやすい点が大きく異なります。

読んでみよう

Il clima del Nord e del Centro

Il Centro-Nord è caratterizzato da una grande varietà di climi: se la pianura Padana presenta caratteri continentali con estati torride e inverni rigidi, spesso nebbiosi, le regioni costiere come la Liguria godono degli effetti mitigatori del mare, mentre nelle zone alpine si registrano lunghi inverni freddi e un'estate calda ma breve. L'Italia del Centro, stretta tra l'Adriatico e il Tirreno ha un clima più dolce, mediterraneo sulle coste, continentale nelle zone appenniniche.

Il clima del Centro e del Sud

Particolarmente mite il clima delle regioni centromeridionali: la primavera inizia presto e l'inverno, se si eccettuano le zone appenniniche, in genere non registra le temperature rigide del Nord Italia. L'estate è lunga, secca e caldissima, spesso torrida, però non manca il conforto del mare…

• Italia I: Nord e Centro, Mondadori 2009 および Italia II: Centro e Sud, Mondadori 2009 より

語彙

clima [男] 気候／**continentale** [形] 大陸の／**torrido** [形] 酷暑の／**rigido** [形] 厳しい／**regione** [女] 地域、州／**costiero** [形] 海岸の／**mitigatore** [形] 暖和の／**alpino** [形] アルプスの、高地の／**mediterraneo** [形] 地中海の／**appenninico** [形] アッペニン山脈の／**mite** [形] 温暖な／**in genere** 概して、一般に／**temperatura** [女] 気温、温度

辞書を引いてみよう

形容詞（過去分詞）は必ずしも名詞・代名詞と隣接しているわけでないので、どの単語を修飾しているのかしっかり見極めましょう。registrare を辞書で引くと「記録する、録音する」の意が出てきますが、ここでは rilevare と同義だと考えてください。

　1行目の名詞climiは、語尾が-aとなる男性名詞で、複数形はclimiとなります。4〜5行目のnelle zone alpine si registrano luoghi inverni freddi e un'estate calda ma breveの表現では、si registranoのsiの用法（受け身のsi）に注目しましょう。

北部と中部の気候

　中北部は、非常にバラエティーに富んだ気候に特徴づけられています：例えばポー川の平野では、うだるように暑い夏とたびたび霧に覆われる厳しい冬、という大陸性気候が見受けられますが、リグーリア州のような沿岸部では海の影響で穏やかな気候に恵まれており、一方アルプス地方では長く寒い冬と、暑いけれど短い夏が見受けられます。アドリア海とティレニア海に挟まれたイタリア中部はより温暖な気候で、沿岸部は地中海性気候、アッペニン山脈の山間部では大陸性気候が見られます。

中部と南部の気候

　中南部の州の気候はことさらに温暖です：春の訪れは早く、冬は、山間部を除けば、通常は北イタリアのような低温が記録されることはありません。長い夏は乾燥していてとても暑く、しばしば酷暑となりますが、それを癒してくれる海に不足することはありません。

　語学教材用に書かれた文章ではなく、イタリアで実際に使われている文章などを読む場合、伊和辞典だけではうまく意味を摑むことができないことが出てくるかもしれません。そのような時は思い切って伊伊辞典を使ってみましょう。

　いきなり完璧に使いこなそうとするのではなく、語の定義や用例を少しずつ見る訓練をすることで徐々に語彙力がアップします。インターネットで実際に販売されている大辞典の内容を検索することができるのでぜひアクセスしてみてください。

「(inserisci la) parola da cercare」のところに調べたい単語を入力してください。

Dizionario italiano: il Sabatini Coletti
https://dizionari.corriere.it/dizionario_italiano/

Dizionario italiano: De Mauro
https://dizionario.internazionale.it

●天気予報

　観光で歩き回る日など、天気が気になる時はテレビや新聞の天気予報も活用しましょう。天気予報はイタリア語で le previsioni del tempo ですが、より日常的な言い方では il meteo と言います。

　天気を表すいろいろな気象用語が使われることがあります。初めは分かりにくいと感じるかもしれませんが、何度も聞いたり読んだりするうちにそれぞれのニュアンスの違いが徐々にわかってきますので、少しずつ慣れていきましょう。

読んでみよう

La debole perturbazione in transito nel weekend al Centro-sud tenderà ad allontanarsi già nella giornata di lunedì 28 marzo, favorendo quindi un inizio settimana di nuovo diffusamente stabile. Da mercoledì 30 marzo possibile ritorno della pioggia anche al Nord dopo tre mesi di grave siccità.

Mercoledì il peggioramento dovrebbe coinvolgere un po' tutta l'Italia: al Sud e Sicilia precipitazioni comunque brevi ed isolate. Condizioni di instabilità con piogge anche a carattere di rovescio o temporale possibili nel settore ligure e su Toscana, Lazio e Sardegna, in serata anche sull'Emilia-Romagna e le Marche. Nel resto del Centro-nord fenomeni deboli e intermittenti con limite della neve sulle Alpi oltre i 1500-1800 metri. Tra la notte successiva e giovedì piogge significative potrebbero raggiungere il triveneto. Al Nordovest invece non si vedono quei quantitativi che sarebbero indispensabili per cominciare a colmare il grave deficit idrico che stiamo accumulando da tre mesi a questa parte.

● (www.meteo.it 2022年3月25日の Redatto da Redazione Meteo.it) より（一部変更）

語彙

perturbazione［女］気象用語で擾乱（じょうらん）、大気の乱れ／**transito**［男］通過、通行／**siccità**［女］干ばつ／**precipitazione**［女］落下、気象用語で降雨／**instabilità**［女］不安定、変わりやすいこと／**rovescio**［男］豪雨／**temporale**［男］雷雨、嵐／**fenomeno**［男］事象、現象→この文例では降雨を指す／**significativo**［形］有意義な、重要な／**triveneto**［男］トリヴェネト地域（ヴェネト、フリウリ＝ヴェネツィア・ジュリア、トレンティーノ＝アルト・アディジェを含む地域）／**colmare**［他動］満たす、（足りないものを）埋める／**deficit**［男］（ラテン語由来、無変）赤字、不足

　週末に中南部を通過する弱い大気の乱れは、3月28日月曜日にはもう遠ざかる傾向にあるでしょう。ですから、これにより再び全国的に安定した天気の週明けとなるでしょう。3月30日水曜日からは、北部でも3か月の酷い干ばつの末に（ようやく）、雨が降る可能性があります。

　水曜日、（天候の）悪化はほぼ全国的に見られるでしょう。いずれにしても南部とシチリアでの降雨は短く、単発的です。リグーリア地域とトスカーナ、ラツィオ、サルデーニャでは天気が不安定な状態で、時には豪雨や雷を伴う雨が認められるでしょう。（この状態は）夕方にはエミリアロマーニャとマルケ州にも起こります。その他の中北部では断続的な弱い雨が予測され、アルプスでは1500〜1800メートル以上で雪となるでしょう。続く夜から木曜日にかけて相当な量の雨がトリヴェネト地域にも達するかと思われます。しかし北東部では、最近3か月に亘って刻々と悪化する深刻な水不足を解消し始めるのに必要なほどの降雨量は見られません。

meteorologia［男］気象学／**atmosfera**［女］大気／**sereno**［形］晴天の／**nuvoloso**［形］曇天の／**nuvolosità**［女］雲量／**nubifragio**［男］土砂降り／**variabile**［形］不安定な／**scirocco**［男］シロッコ（アフリカからの暑く湿った風）／**bora**［女］ボーラ（アドリア海岸北部特有の強い、北北東の季節風）

39 性に中立な婚姻：同性カップルの「シビル・ユニオン」

　イタリアで同性同士のカップルに家族としての法的な権利を認める法律ができたのは、他の欧米諸国からだいぶ遅れをとった2016年のことです。法案を作った上院議員の名前を取って「チリンナ法（legge Cirinnà）」と呼ばれます。

　この法律は、「家族とは父と母がいて、子供がいるものだ」という考え方を重んじるカトリック系の議員たちと家族の多様な在り方を主張する議員たちとの間で、長く激しい議論の末に成立しました。これによって、戸籍上の性が同性とみなされるカップルが、市役所の職員と2名の証人の前で誓約を交わすことが認められました。そして、この誓約はunione civile－シビル・ユニオン（民法的な結びつき）として認められ、男女間の結婚をしたカップルとほぼ同等の社会的、経済的な義務と権利を得ることができるようになりました。しかし、シビル・ユニオンでは養子を迎えることが基本的に認められておらず、カップルのうちの一人の実子であったとしても、個別に家庭裁判所で審判を仰がなければなりません。

　フランスやイギリスなどではまずシビル・ユニオンが導入され、現在では戸籍上の性が同じであっても結婚が認められていますし、敬虔なカトリック信者の多いスペインでも同性婚が認められています。イタリアでもそう遠くない将来にすべての権利が認められることが期待されています。

参照サイト：*I matrimoni gay in Europa ci sono, ma non dappertutto sono "matrimoni"*（truenumbers. it）および*Donna Moderna 17/01/2017 "Unioni civili e convivenze：Cosa sono e come funzionano"*（www.donnamoderna.com）より

　以下の本文は、チリンナ法が成立した直後に長年のパートナーであるクリスティーナさんとシビル・ユニオンの式を挙げたエレナさんへのインタビューの記事です。

読んでみよう

«Siamo serene: è bello poter rispondere : "mia moglie" al direttore della banca che mi chiede per l'ennesima volta chi è la cointestataria del conto. Mi placa sapere che, se dovessi stare male, Cristina potrebbe decidere sulla mia salute, mentre prima spettava solo ai miei genitori. Questa tranquillità riguarda anche l'aspetto economico, dalla reversibilità della pensione all'eredità».
Dopo il sì, Elena e Cristina hanno iniziato un'altra battaglia, fatta di avvoca-

第3部 深める

ti, visite dei servizi sociali e psicologi che valutano se Elena può adottare, se loro sono una buona famiglia per il bimbo che hanno amato e cresciuto. «La sentenza è arrivata a febbraio 2018...... Ce l'abbiamo fatta, anche io sono la sua mamma. Posso andare a prenderlo a scuola, ritirare la pagella, accompagnarlo a una visita medica senza deleghe di Cristina. Purtroppo la stepchild adoption non è un'adozione piena, non riconosce i rapporti del minore con i parenti di chi l'ha adottato: significa che se noi dovessimo mancare, nostro figlio non potrebbe stare con i miei, con la zia che adora, ma solo con la famiglia di Cristina. Il resto dei suoi affetti sarebbe tagliato fuori».

Il futuro non turba comunque la gioia di questa donna. Anche il presente, d'altronde, ha qualche nuvola: in Italia non si respira una bella aria perché il diverso fa paura e la politica non sembra in prima fila per tutelare i diritti civili. «Tre anni fa la legge Cirinnà poteva essere l'inizio, ma c'è stata una battuta d'arresto e invece di sognare adozione piena e matrimonio egualitario (quello tra persone dello stesso sesso, ndr) dobbiamo ancora tutelare quello che abbiamo ottenuto. Io sono contenta di vivere a Modena, una città che ci ha sempre accolto e sostenuto. Pensa che lavoro alla Panini, il famoso editore: il mio direttore ha brindato alla nostra unione con tutto il cuore e ha sempre fatto il tifo per noi. Ma non funziona così ovunque. Infatti sono pronta a scendere in piazza, a lottare. Ho 47 anni, sono orgogliosa del mio percorso e ho la forza di sorridere a chi non ci considera una famiglia normale......».

• Donna Moderna 07/06/2019 "La legge che ha riconosciuto il nostro amore" www.donnamoderna.com/news/societa/legge-cirinna-matrimoni-gay (一部省略)

語彙

ennesimo［形］数えきれないほどの／**cointestatario**［男］共同名義人／**placare**［他］和らげる、静める／**spettare**［自］（主に財産、権利、資格が）帰属する／**reversibilità della pensione** 遺族年金／**il sì** 結婚式で「はい」と答えて誓うこと→結婚式を挙げること／**fatto di....** 〜から成る／**servizio sociale** 社会福祉／**sentenza**［女］判決／**farcela** うまくやる、成功する／**pagella**［女］成績表／**delega**［女］（代理人の）委託／**adozione**［女］養子縁組／**adottare**［他］養子を迎える／**affetto**［男］愛する人、愛情の対象／**minore**［名］未成年者／**turbare**［他］かき乱す、邪魔をする／**tutelare**［他］保護する、擁護する／**diritti civili** 公民権、

人権／**battuta d'arresto** 中断、遅れ／**ndr**（nota del redattore の略）筆者による注／**fare il tifo per...** 〜の応援をする／**scendere in piazza** 抗議のデモ活動をする／**lottare**［自］戦う／**considerare**［他］みなす、判断する

辞書を引いてみよう

Ce l'abbiamo fatta の意味を取る際、どの動詞を引けばよいでしょうか？　これは farcela の直説法近過去形で、「うまくやりおおせた、成功した」の意味になります。最初のうちは、fare とともに補語代名詞が使われているのか、それとも決まった表現として使われているのかを見分けるは難しいと思いますが、辞書を丁寧に引くことで少しずつ語彙を増やしていきましょう。

文法

140 ページの 7〜8 行目の se noi dovessimo mancare, nostro figlio non potrebbe stare con... の表現では、「se 接続法半過去／条件法現在」の仮定文が使われ、このような可能性のあることが表現されています。ここでは「se + dovere（接続法半過去）+ 不定詞」の表現なので、「万が一、たとえ〜でも」といった意味になります。

訳例

「私たちは晴れ晴れとした気持ちです。口座の共同名義人が誰なのか、何回目かわからないほど繰り返し尋ねる銀行の支店長に対して"私の妻です"と答えられるのは素晴らしいことです。そして、万が一私が病に倒れた時にも、クリスティーナが私の健康について判断し決定できると知っていることが、私の気持ちを落ち着かせます。以前は（この決定権は）私の両親にしかありませんでした（訳注：病院での治療法など、本人に判断能力がない場合に家族が代わって判断し、同意を与えなければならない。法的に認められていないパートナーにはこの権利がない）。この安心感は、遺族年金や、遺産相続などの経済的な面にも及びます」

挙式の後、エレナとクリスティーナはもう一つの戦いに取り掛かった。その戦いは弁護士や、社会福祉士の訪問、エレナが養母にふさわしいかどうか、彼女たちがこれまで愛し、育ててきた男の子にとって、よい家庭であるのかを判断する心理士たちが入り乱れるものだった。「判決は 2018 年の 2 月に出ました。…私たちは成功しました、私も彼のマンマになれたのです。彼を学校に迎えに行くことができるし、成績表を引き取ることも、クリスティーナの委任状を持たずに病院に連れていくこともできるようになりました。残念ながら、stepchild adoption（訳注：カップルのうちの一人の実子を養子縁組すること。彼女たちの場合子供はクリスティーナさんの実子）は、完全な養子縁組ではありません。子供と、養母の親族との関係を家族関係と見なさないのです。つまり、私たちがいない時に息子は私の両親や、彼が大好きな叔母さんと一緒に居ることができず、クリスティーナの親族としか過ごせません。それ（クリスティーナの親族）以外の、彼が愛する人たちは蚊帳の外へと追いやられるのです」

いずれにせよ、未来（への不安）が彼女の喜びを脅かすことはない。しかしながら、現在の状況

にもいくつかの不安材料はある。皆と違う、ということは恐怖感をもたらすものだから、イタリアでの風当たりはあまりよいとは言えないのだ。それに、政治も人権の保護のために第一線に立って戦ってくれているとは言い難い。「3年前のチリンナ法はすべての始まりとなるはずでした。でも（その後の進展は）ストップしてしまい、完全な意味での養子縁組や、（筆者注：男女間の婚姻と）同等の婚姻を夢見るどころか、やっと取得した権利を守るためにいまだ戦わなければなりません。私はモデナに住んでいることに満足しています。この町は常に私たちを受け入れ、支えてくれました。私はあの有名な出版社であるパニーニで働いているんですよ。私の上司は私たちの挙式を心から喜んで祝杯を挙げてくれましたし、今までも常に私たちの応援をしてくれました。でも、どこでもこのようにいくわけではありません。事実、私は抗議活動をして、戦うつもりです。47歳の私は、これまでの私の人生に誇りを持っていますし、私たちのことを普通の家族と見なさない人たちに笑顔で対峙する力を持っているのです」

40 離婚

イタリアにおける離婚（divorzio）は、日本のように「両者の合意のもと提出された離婚届が受理されれば成立」というわけにはいきません。まず法的な別居（separazione legale）の手続きを取り、一定の期間（半年または1年）後にようやく離婚請求が可能になります。

ひと口に別居と言っても協議別居（separazione consensuale）と調停別居（separazione giudiziale）があり、手続きをせずに事実上の別居状態では1年以上の別居期間を経てもそれだけを理由に離婚の請求はできません。この他にも、別居手続き書類や別居にかかる費用、親権、養育費、住居（持ち家でない場合は家賃やローン）、生活維持費、許可を得ていない別居期間中の子連れでの出国等、離婚に至るまでに身体的にも経済的にも重くのしかかる問題がたくさんあります。

ここでは、離婚という最終的な判断に至らないようにするためのちょっとした「努力」を紹介した記事を読んでみましょう。

読んでみよう

Il segreto per litigare di meno con il partner e salvare（magari）la vita di coppia? Secondo uno studio della Northwestern University（USA）potrebbero essere sufficienti sette minuti. Sarebbe questo, infatti, il tempo necessario per svolgere un particolare e facile esercizio.

PUNTI DI VISTA:

Secondo i ricercatori statunitensi, per evitare che la coppia scoppi e mantenere alta la soddisfazione di coppia basterebbe scrivere su un foglio di carta del più recente conflitto avuto con il partner assumendo il punto di vista di un'ipotetica terza persona che desidera il bene di entrambi. Per diminuire gli scontri, e dunque restare felici nel tempo, basterebbe impegnarsi soltanto tre volte all'anno.

Durante la ricerca, i partner di 120 coppie americane hanno riferito per due anni, periodicamente, i loro litigi e disaccordi valutando l'unione secondo delle variabili quali la soddisfazione, l'amore, l'intimità, la fiducia, la passione e l'impegno.

ALLENAMENTO D'AMORE:

Nell'arco del secondo anno, ogni quattro mesi, metà delle coppie ha svol-to l'esercizio. Dopo il primo anno, entrambi i gruppi dei volontari avevano riportato un <u>minor</u> livello di soddisfazione coniugale rispetto all'inizio della ricerca. Un declino però annullato nel secondo anno dal compito dei sette minuti: <u>le coppie che lo avevano svolto</u> erano tornate felici, pur liti-gando quanto le altre. Insomma: allenarsi a vedere i vari motivi di disac-cordo da un punto di vista esterno potrebbe migliorare il rapporto a due e, forse, evitare la fine di un amore.

- Margherita Zannoni「パートナーと言い争わないために」より
  https://www.focus.it/comportamento/psicologia/come-non-litigare-con-partner-salvare-cri-si-coppia

語彙

statunitense［形］合衆国の／**conflitto**［男］争い、衝突／**punto di vista** 観点、見解／**ipotetico**［形］仮説の／**scontro**［男］衝突、対立／**volta**［女］回（数）／**riferire**［他］報告する／**unione**［女］結びつき、和合／**secondo**［副］〜によって／**variabile**［女］変数／**quale**［形］〜のような／**nell'arco di...** 〜の間に／**volontario**［男］ボランティア／**coniugale**［形］婚姻の、夫婦の／**declino**［男］傾き、衰退／

辞書を引いてみよう

1行目に出てくる「（magari）」は間投詞・接続詞・副詞として使うことのできる単語です。このような場合、文脈から語の役割を判断しなくてはなりません。ここでは（　）内に入れられていることから、補足の意味合いで使われていることが理解できます。独り言のように筆者が挿入したのであれば、間投詞「そうあって欲しいのですが…」という意味に取ることができます。同じようにsecondoは形容詞としても副詞としても使われているので、注意して判断しましょう。

ALLENAMENTO D'AMORE のセクション3行目minorは、minoreの語尾母音が落ちた形です。

文法

PUNTI DI VISTA のセクション1行目per evitare che la coppia scoppiでは接続法現在3人称単数（scoppi）が使われていますが、そのことで「そのような事態に陥ることを避けるべく」というニュアンスが読み取れます。この文の主節の動詞はbasterebbe scrivereですが、条件法が用いられているので「書くだけで十分ではないだろうか」のようなニュアンスを表しています。ジェルンディオ（動副詞）以下の部分assumendo il punto di vista di un'ipotetica terza personaで

主節を説明し、terza persona を先行詞とする関係代名詞節 che desidera il bene di entrambi が続きます。このように複雑な仕組みから成り立つ文であっても、一つ一つ解きほぐしていくことで経験を確実に積むことができます。自分用の文法まとめノートを作成して図式化する練習も効果的な学習方法の一つです。

ALLENAMENTO D'AMORE のセクション5行目 le coppie che lo avevano svolto（ここが主語）では、「それを行なったカップルは」と訳せるだけでなく、「lo それを」が「il compito di sette minuti 7分間の課題」であること、大過去 avevano svolto が過去のある時点よりも前に起こったこと（1年目に実施している）というところまで読み込めるようにするとさらに読解力がアップします。

訳例

　パートナーとの喧嘩を減らし、（願わくは）カップルの関係を存続させるための秘訣とは？　ノースウエスタン大学（米国）のある研究によれば、7分間あれば充分だという。実際、これ（この短い時間）こそが、ある独自の、簡単なエクササイズを行なうのに必要な時間なのだ。

第三者の視点

　米国の研究者たちによると、カップルが破綻するのを防ぎ、お互いに対する満足度を高く保つためには、両人のことを大切に思っている仮想の第三者の視点で、一番最近に起きたパートナーとの争いごとについて紙に書き出すだけでよいのだそうだ。争いを減らし、それによって時を経ても幸せでいられるためには、1年にたったの3回、この努力をするだけで十分だという。

　この研究期間中、アメリカの120組のカップルのパートナーたちが2年間に亘って、満足度、愛情、性生活、信頼感、情熱、努力などの項目においてカップルの状態を評価し、彼らの喧嘩や衝突について定期的に報告を行なった。

愛を育む訓練

　研究2年目の期間中は、（120組の）カップルのうち半分だけがこのエクササイズを4か月ごとに行なった。1年目が終わった後には、どちらのグループのボランティアからも、実験開始時に比べてパートナーに対する満足度が下がったという報告がされていた。しかし、この下降傾向は2年目に7分間の課題を行なうことによって挽回された。このエクササイズを行なった（グループの）カップルは、（もう一つのグループの）他のカップルと同じくらい喧嘩をしながらも、幸せを取り戻したのだ。要するに、仲たがいのさまざまな理由を外からの視点で考慮する訓練をすれば、2人の関係を改善できるかもしれず、もしかしたら愛の終わりを避けることができるかもしれないのだ。

41 ダンテ

世界史の教科書にも登場するダンテ・アリギエーリ（Dante Alighieri 1265-1321）は、イタリア最大の詩人です。ヨーロッパ中世の文学、哲学、神学、修辞学などを総括しつつ『神曲 La divina commedia』を書き、古代ギリシアのホメロスや古代ローマのウェルギリウスの長編叙事詩の伝統を継承しました。

https://commons.wikimedia.org/
w/index.php?curid=122900

読んでみよう

Dante

Tutti gli ingegni italiani che scrissero virilmente e giovarono al progresso dell'idea nazionale, trassero gran parte della loro ispirazione da Dante. Dante può riguardarsi come il padre della nostra lingua: ei la trovò povera, incerta, fanciulla, e la lasciò adulta, ricca, franca, poetica; scelse il fiore delle voci e dei modi da tutti i dialetti, e ne formò una lingua comune che rappresenterà un giorno fra tutti noi l'unità nazionale, e la rappresentò, in tutti questi secoli di divisione, in faccia alle nazioni straniere. Dante fu grande come poeta, grande come pensatore, grande come politico nei tempi suoi, grande oltre tutti i grandi, perché, intendendo meglio di ogni altro la missione dell'uomo italiano, riunì teoria e pratica, potenza e virtù, pensiero e azione.

Scrisse per la patria, congiurò per la patria: trattò la penna e la spada.

• Giuseppe Mazzini 著 *Dall'amor patrio di Dante* より

語彙

ingegno［男］天才、天分／**virile**［形］力強い（menteを伴うと副詞）／**giovare a**〈…に〉役に立つ／**trarre**［他］引き出す／**ispirazione**［女］着想、発想の源／**incerto**［形］不確かな／**fanciullo**［形］未熟な／**franco**［形］自信に満ちた、のびのびした／**fiore**［男］精選物／**voce**［女］語、言葉／**formare**［他］形作る、生み出す／**rappresentare**［他］象徴する／**un giorno**（未来の）いつか／**unità**［女］統一／**in faccia a**〈…の〉前で／**pensatore**［男］思想家／**oltre**［前］〈…を〉超えて／**intendere**［他］理解する／**riunire**［他］一つにまとめる／**pratica**［女］実践／**congiurare**［自］力を合わせる／**patria**［女］祖国／**trattare**［他］使う

文法

　2行目のtrassero gran parte della loro ispirazione da Danteの動詞がtrassero（trarreの直説法・遠過去・3人称複数）だと見分けられると同時に、「da Dante ダンテから」「gran parte della loro ispirazione」を「引き出した、得た」というかたちが見つけられると全体像を楽に見渡せます。

　3行目のnostraや6行目のnoiで1人称複数が用いられていますが、これは書き手（マッツィーニ）の立場から見た「私たち」なので、「イタリアの人たち」の意味になります。実際、そのことがnoi italianiの形で示されていますね。

　3行目のeiはegli（lui）の古い形です。同様に、女性形のleiの古い形としてellaが文語では使われることがあります。同じ行の代名詞laにも注目してください。何となく読み飛ばしてしまいそうですが、これが直前の女性単数名詞linguaを指していることを摑んでおけば、後続する一連の形容詞がすべて女性単数形となっていることや、文意の確実な理解へとつながります。

訳例

ダンテ

　力強い才筆をふるい、国家思想の発展に貢献したイタリアのすべての文才たちは、その発想の大部分をダンテに触発されることで得た。ダンテは我々の言語の父である、と言ってもよい。彼は貧しく、おぼつかない子供の状態で見出したそれ（イタリア語）を、豊かで、のびのびと自信に満ち、詩的な大人にして（世に）残した。すべての方言の中から最上の言葉と表現を選りすぐり、後に我々すべてにとって国家統一を象徴する一つの共通語へと造り上げた。それは分裂（国家として）の幾世紀もの間ずっと、よその国々に対してこの国が一つであるということを象徴してきたのだ。ダンテは偉大な詩人であり、偉大な思想家であり、彼の時代において偉大な政治家であった。すべての偉人の中で最も偉大であったのだ。なぜなら彼はイタリア人としてのミッションを誰よりも理解していたがゆえに、理論と実践を、権力と美徳を、そして思考と行動を一つにまとめたからである。彼は祖国のために執筆し、祖国のために力を合わせた。ペンと剣を用いて。

ミケランジェロ・ボナッローティ
(Michelangelo Buonarroti 1475-1564) は、
西洋美術史で最も偉大な彫刻家のひとり
としてその名が知られています。加えて、
画家や建築家としても優れた才能を発揮
し、詩作品も残しています。ローマでは
教皇庁のために、フィレンツェではメデ
ィチ家のために働きました。

　本文中にも同時代の芸術家の名前が数
多く出てきますが、もし知らない人物だ
ったとしても大文字で記されているので
すぐに見分けられるでしょう。

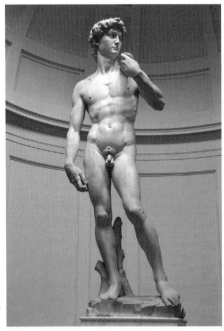

ダビデ像 (Tim Stringerによる
Pixabayからの画像)

読んでみよう

Nato da una famiglia della piccola nobiltà, Michelangelo apprese in giovane età l'arte della pittura da Domenico Ghirlandaio e quella della scultura da Bertoldo di Giovanni, seguace di Donatello. Studiò le sculture dell'età classica osservando i pezzi della collezione dei Medici ed entrò in contatto con i filosofi neoplatonici maturando una personale concezione della figura dell'artista. Per Michelangelo l'arte non era un mestiere, ma una sfida intellettuale. Fu il primo artista a essere considerato un genio dalla sua stessa epoca, lavorò con grande abilità su estensioni enormi e conferì alle sue composizioni una potenza e una chiarezza sconosciute del genere umano è trascendente. Fece del corpo umano il principale soggetto della sua arte, e in esso seppe esprimere bellezza ideale e fisica a un tempo, potenza spirituale e muscolare.

Michelangelo prediligeva la sua scultura di blocchi di marmo, ma realizzò capolavori anche come pittore. Gran parte della sua opera è rimasta incompiuta non soltanto a causa delle pressanti richieste che gli venivano dal papa, ma anche per le elevate aspettative che egli aveva su se stesso. Negli ultimi lavori, accantonò l'ideale armonia rinascimentale per preannunciare il Manierismo. Le sue opere, di fama mondiale, hanno ispirato generazioni di artisti, da Rubens e Bernini a Delacroix a Rodin.

● Touring Club Italiano 編 *Storia dell'arte* より

語彙

apprendere［他］習得する／**arte**［女］技法、技巧／**pittura**［女］絵画／**scultura**［女］彫刻／**seguace**［名］弟子／**entrare in contatto con** *qlcu.*〈人〉と接触を始める／**neoplatonico**［形］新プラトン主義の／**maturare**［他］熟させる、考え抜く／**concezione**［女］着想／**mestiere**［男］職業、仕事／**sfida**［女］挑戦／**intellettuale**［形］知的な／**epoca**［女］時代／**abilità**［女］能力、手腕／**estensione**［女］拡張／**sconosciuto**［形］知られていない／**trascendente**［形］超越的な／**fece** fare の直説法・遠過去・3人称単数／**soggetto**［男］主題／**seppe** sapere の直説法・遠過去・3人称単数／**ideale**［形］観念的な／**spirituale**［形］精神的な／**muscolare**［形］筋肉の／**prediligere**［他］特に愛好する／**marmo**［男］大理石／**capolavoro**［男］傑作／**gran parte** 大部分／**rimanere**［自］残る／**incompiuto**［形］未完成の／**non soltanto... ma anche ...** 〜だけでなく〜もまた／**a causa di...** 〜のせいで、〜のために／**pressante**［形］切迫した／**papa**［男］教皇／**aspettativa**［女］期待、予期／**preannunciare**［他］予告する／**Manierismo**［男］マニエリスム／**ispirare**［他］吹き込む

文法

2〜3行目の quella della scultura da Bertoldo di Giovanni, seguace di Donatello を見てください。quella は前出の l'arte を指す指示代名詞、「ジョヴァンニ」の後ろにある「,」（ヴィルゴラ）は seguace di Donatello が同格の表現、ベルトルド・ディ・ジョヴァンニがドナテッロの弟子であることを表します。

3〜4行目の Studiò le sculture dell'età classica osservando i pezzi della collezione dei Medici ed entrò in contatto con i filosofi neoplatonici maturando una personale concezione della figura dell'artista ではジェルンディオが2度 (osservando, maturando) 使われています。これは Studiò le sculture dell'età classica osservando i pezzi della collezione dei Medici と entrò in contatto con i filosofi neoplatonici maturando una personale concezione della figura dell'artistaの単文が接続詞edで繋がれた重文です。ジェルンディオには「時」「容態」「手段」「理由」などの用法がありますが、どちらも単純形なので主動詞と同時のことを示します。

　最後から4行目le elevate aspettative che egli aveva su se stessoの部分は文の形は読み取れても日本語にしづらいかもしれません。特にle elevate aspettativeの部分は直訳すると「高い期待」となりますが、関係詞節の部分「彼が自身に抱いていた」から訳例では「理想」と意訳しました。

　小貴族の家柄に生まれたミケランジェロは、若くして絵画の技法をドメニコ・ギルランダイオに、そして彫刻をドナテッロの弟子であるベルトルド・ディ・ジョヴァンニに学んだ。メディチ家コレクションの中のギリシア古典期の彫刻を間近に見て学び、新プラトン主義の哲学者たちと交流したことで、芸術家として彼独自のスタイルを確立したのだった。ミケランジェロにとって芸術は（単なる）職業ではなく、理知的な（知性を要する）挑戦であった。彼は同時代の人々から天才と認識された、歴史上初めての芸術家である。巨大な面積の作品を卓越した手腕で創作し、そこに人類がこれまで知らなかったようなパワーと明快さを与えた彼は、超人的である（と言える）。彼の作品のおもな主題は人間の身体で、そこに彼は肉体の美しさだけに留まらぬ理想の美を、そして筋肉の力強さに秘められた精神的な強さを表現することができた。

　ミケランジェロは大理石の塊の彫刻を好んだが、画家としても複数の名作を残した。彼の大部分の作品が未完成に終わっているのは、教皇から再三の注文を急かされていただけではなく、彼が自分自身に課していた理想の高さが原因でもある。最晩年の作品では、彼はルネサンスの理想的な調和（の観念）を捨て、マニエリスムの先駆けとなった。世界的に名を誇る彼の作品はその後ルーベンスやベルニーニから、ドラクロアやロダンに至るまで、何世代もの芸術家たちに霊感を与えた。

43 グイード・ダレッツォ：ドレミの起源

グイード・ダレッツォ（Guido d'Arezzo 991/2 ごろ -1033 以降）は西洋音楽の歴史における偉大な発明のひとつ、ドレミの発明でその名を世界的に知られている人物です。現在の私たちが当たり前のように利用している五線譜は、この偉大な発明によって生み出されたものなのです。

Guido d'Arezzo e la nascita del pentagramma
https://commons.wikimedia.org/wiki/File:Plaque_of_Guido_Monaco,_Arezzo.JPG より

読んでみよう

Partendo dalle prime sillabe dell'Inno a San Giovanni Battista di Paolo Diacono, cioè "Ut, Re, Mi, Fa, Sol, La, Si", Guido d'Arezzo ha dato i nomi alle note musicali. L'"Ut" sarà poi sostituito qualche secolo dopo con il Do da Giovanni Battista Doni.

Inoltre, ha codificato il modo di scrivere le note definendo le posizioni delle note su un grande rigo musicale, proponendo un sistema unificato per la scrittura delle note. Per la parte terminale della nota usava il simbolo di un quadrato, che sarebbe poi diventato un rombo ed infine il nostro ovale.

Guido d'Arezzo introduce per la prima volta nella storia il grande rigo su cui indicare l'altezza delle note a seconda del loro posizionamento, il tetragramma. A differenza del moderno pentagramma, che ha cinque righe, il tetragramma ne aveva quattro.

Sempre a Guido d'Arezzo si devono le invenzioni del sistema mnemonico della "mano guidoniana" per aiutare l'esatta intonazione dei gradi della scala o esacordo e del sistema della solmisazione, una prima forma di solfeggio. Queste invenzioni lo hanno reso famosissimo nel Medioevo, tanto da essere invitato a Roma da Papa Giovanni XIX.

• https://www.discoverarezzo.com/guido-darezzo-e-la-nascita-del-pentagramma/ より

語彙

partire［自］発する、生じる／**sillaba**［女］音節／**Inno**［男］賛歌／**San Giovanni Battista** 洗礼者聖ヨハネ／**Paolo Diacono**（ベネディクト修道会の修道士）パウルス・ディアコヌス／**note musicali** 音符／**inoltre**［副］さらに／**codificare**［他］成文化する／**definire**［他］規定する、定める／**posizione**［女］位置／**rigo**［男］線、譜表／**proporre**［他］提案する／**unificato**［過分］統合された／**scrittura**［女］書くこと／**terminale**［形］（先）端の／**simbolo**［男］記号／**quadrato**［男］四角／**rombo**［男］ひし形／**ovale**［男］卵形の、楕円形の／**per la prima volta** 初めて／**altezza**［女］高さ／**a seconda di**〈…に〉応じて／**posizionamento**［男］配置／**tetragramma**［男］四線譜／**moderno**［形］近現代の／**pentagramma**［男］五線譜／**mnemonico**［形］記憶の／**mano guidoniano** グイードの手／**esatto**［形］正確な／**intonazione**［女］（調子や和声に合った一定の音高での）調音（法）／**grado**［男］（音程をはかる単位）度／**scala**［女］（七音）音階／**esacordo**［男］六音音階、ヘクサコード／**solmisazione**［女］階名唱法／**solfeggio**［男］読譜唱法／**tanto da + 不定詞**（tanto は副詞）〜であるほど

文法

　rigoは「線・罫線」を表す男性名詞です。ここでは譜表の意味で用いられています。冒頭の図版を見てもわかるように、当時の譜面は五線譜ではありません。「五線譜 pentagramma」やオーケストラなどの「総譜 partitura」、「（ピアノ伴奏声楽用）楽譜 spartito」、個々の楽器の「パート譜 parte」、より一般的な言い方としての「楽譜 musica」という言い方もあります。

　最後から2行目Queste invenzioni lo hanno reso famosissimo nel Medioevoのloが、直接目的語人称代名詞（3人称単数・男）、つまり「彼（＝グイード・ダレッツォ）を」であることがわかれば、彼を「とても有名に famosissimo」にした、と読み取ることができます。

訳例

　グイード・ダレッツォは、パウルス・ディアコヌスによる「洗者聖ヨハネ賛歌」の詩節の最初の
シラブル——つまり、Ut, Re, Mi, Fa, Sol, La, Si を取って音に名前をつけた。 その後 Ut は、何世紀
か後にジョバンニ・バッティスタ・ドーニによって Do へと改名される。

　さらに彼（グイード）は、大きな譜表線の上に音の位置を定めて書くという方法を成文化して、
統一された記譜のシステムを提唱した。音符の先端部分ははじめ、正方形の記号で記されていた
が、その後ひし形に、そして現在私たちが使う楕円形へと変化していく。

　グイード・ダレッツォは、歴史上初めて譜表線を取り入れ、その上に書かれた音符の配置によ
って音の高低を記した。（この譜表が）テトラグラム（四線譜）である。5本の線から成る近現代のペ
ンタグラム（五線譜）と違い、テトラグラムは4本線であった。

　また、ヘクサコードや7音音階の正確な音程を歌うのに役立つ「グイードの手」という記憶法や、
ソルフェージュの原型である階名唱法もグイード・ダレッツォの発明によるものである。これら
の発明のお陰で中世に彼は大変有名になり、教皇ヨハネ19世からローマに招待されるほどであった。

解説

　イタリア語の文章を読む際、言語として読解が難しい場合と内容について理解が難しい場
合があります。イタリアに関する情報を普段から母語で得るように心がけることも、イタリア
語で読む力をつけるためには必要です。例えば、ある音と別の音の距離を表すために「度（数）
grado」を使うという予備知識が求められます。

　予備知識がある場合には、ハ長調の音階（ドレミファソラシド）で、ソの音は主音ドから数え
て音階の5番目の音なので「quinto grado 第五度音（dominante 属音）」、ドとソの間の音程（間隔）
は「完全五度 quinta perfetta」といった言い方もあわせて覚えるとよいでしょう。

44 | パガニーニ

　ニッコロ・パガニーニ（Niccolò Paganini 1782-1840）は、イタリアのジェノヴァ生まれのヴァイオリン奏者です。10代前半で演奏家としてデビューした後、ヨーロッパ各地で活躍しました。超絶技巧が求められる《24のカプリッチョ》などが有名ですが、《バイオリン協奏曲第一番ニ長調》やギターを用いた室内楽曲、合唱を含む《サン・ベルナール修道院》、ロッシーニのオペラをモチーフとした変奏曲など、演奏に際して豊かに旋律を歌う要素が求められる点が作品の魅力のひとつです。

　ここでは、イタリア語の言い回しとして広く使われる「パガニーニは繰り返さない」の物語を紹介します。

パガニーニ（https://ja.wikipedia.org/wiki/ニコロ・パガニーニ）

パガニーニが愛用したヴァイオリン通称「カンノーネ」ジェノヴァ市 HP（http://www.comune.genova.it/content/valorizzazione-del-cannone-di-paganini-spazio-agli-sponsor）

読んでみよう

Paganini non ripete è una frase pronunciata per lo più scherzosamente quando non si vuol ripetere qualcosa che si è già detto o fatto; più raramente è utilizzata per accompagnare una minaccia che si ha intenzione di mettere eventualmente in pratica senza ulteriori ammonizioni.

Questo celebre e allo stesso tempo curioso modo di dire ha origine da un episodio verificatosi nel 1818 al Teatro del Falcone; il re Carlo Felice assisteva a un concerto del grande musicista genovese Niccolò Paganini e fece pregare il maestro di ripetere un brano musicale che gli era piaciuto in modo particolare; Paganini, però, suonava spesso improvvisando e

> molti pezzi erano di fatto impossibili da replicare; fece quindi rispondere al re con la ormai <u>celeberrima</u> frase ﹅Paganini non ripete﹆. <u>Il suo rifiuto però non fu indolore</u>, gli costò infatti un'espulsione di due anni dagli Stati del re.

- https://www.scuola-e-cultura.it/frasi-celebri-modi-dire/paganini-non-ripete.htm より

語彙

minaccia［女］脅し、威嚇／**intenzione**［女］意図／**eventualmente**［副］もし必要なら／**ulteriore**［形］さらなる／**ammonizione**［女］警告、忠告／**assistere**［自］出席する／**improvvisare**［他］（直接目的語なしで）即興演奏する／**ormai**［副］今ではもう／**indolore**［形］無痛の／**esplusione**［女］追放

文法

5〜6行目のQuesto celebre e allo stesso tempo curioso modo di dire ha origine da un episodio verificatosi nel 1818 al Teatro del Falconeは、長い文ですが、核になる部分は「主語＋ ha origine」です。主語の部分を分析してみると、Questo modo di dire（この言い回し）を「celebre e（allo stesso tempo）curioso 有名で（それと同時に）不思議な」で説明していることがわかります。また、同じ文中に出てくるverificatosiはverificarsiの過去分詞です。

8行目のfece pregare il maestro di ripetere un brano musicaleはfareを使った使役の表現です。使役の表現では、次にくる不定詞——自動詞か他動詞か——に注目します。ここでは他動詞pregareが続くので、「〈人に〉〈di... 〜することを〉頼ませた」と訳します。

最初から3行目のceleberrimaは形容詞「celebre 有名な」の絶対最上級です。続くIl suo rifiuto però non fu indoloreを直訳すると、「しかし、彼の拒絶は無痛ではなかった」となりますが、日本語としてはかなり不自然です。「痛みを伴った」といったニュアンスが出せるように意訳するとよいでしょう。

訳例

「パガニーニは繰り返さない」——このフレーズはすでに言ったこと、したことをもう一度繰り返したくないときに、大抵は冗談めかして使われます。稀には、もうこれ以上の警告を繰り返さずに必要ならば（その脅しを）実行するぞ、という脅し文句とともに使われることもあります。

この有名で、そして同時に不思議な言い回しの起源は、1818年にファルコーネ劇場で実際に起きたある事件です。ジェノヴァ出身の偉大な音楽家、ニッコロ・パガニーニの演奏会に出席していた（サルデーニャ）王カルロ・フェリーチェは、特に気に入った曲をもう一度弾いてくれるようにとマエストロ（パガニーニ）に頼ませました。しかし、パガニーニは大抵即興で演奏しており、実際、

155

ほとんどの曲は（同じものを）繰り返すことが不可能だったのです。そこで、彼は国王に対して今では有名になってしまったあのフレーズを送って答えさせたのです、「パガニーニは繰り返さない」と。

　しかしこの彼の拒絶は彼に高い代償をもたらしました。事実、王の領地から2年間追放されてしまったのです。

高台（カステッレット地区）から見下ろしたジェノヴァ

45 メロドランマ（オペラ）

イタリアを代表する文化・芸術のひとつ「オペラ」について書かれたイタリア語を読んでいきましょう。作品を鑑賞するだけでなく、劇場の雰囲気や公演前後の楽しみ方なども含め、生活に根ざした部分と非日常を楽しむ部分も、機会があれば是非、現地で体験してみてください。

ヴェネツィアのフェニーチェ劇場

読んでみよう

L'opera lirica nacque in Italia con il melodramma alla fine del Cinquecento grazie alla Camerata de' Bardi, a Firenze. Questo teatro musicale, fatto dai nobili per altri nobili, univa la musica alla tradizione del teatro popolare (Commedia dell'arte).

Nel Seicento il melodramma si basò su un nuovo stile: il recitar cantan-

<u>do.</u> Si trattava di cantare rendendo comprensibile il testo. Nel 1637 aprì a Venezia il primo teatro al pubblico, il San Cassiano. Da quel momento gli attori si rivolsero anche agli spettatori durante i monologhi. <u>Lo spettacolo durava alcune ore e si suddivideva in diversi atti.</u>

- P. Olivares ほか著 *L'italiano per l'opera* より

語彙

opera lirica オペラ（抒情的な作品の意）／**melodramma**［男］オペラ、音楽劇／**Cinquecento**［男］1500年代／**camerata**［女］16世紀人文主義者のサークル／**teatro**［男］劇／**unire**［他］〈a …に〉結びつける／**Seicento**［男］1600年代／**basarsi**［再］基礎を置く／**trattarsi di**［非動］…にかかわる／**rendere**［他］もたらす／**comprensibile**［形］理解できる／**testo**［男］作品（ここでは歌詞）／**attore**［男］俳優／**rivolgersi**［再］体を向ける／**spettatore**［男］観客／**monologo**［男］モノローグ、独白／**spettacolo**［男］上演／**durare**［自］続く／**alcuno**［不形］（複）いくつかの／**suddividere**［他］分ける

文法

　2段落目のrecitar cantandoは訳出に苦労するかもしれません。とはいえ、直前の「：」や定冠詞ilがヒントになります。前のフレーズを言い換えた名詞がil recitar cantandoとなります。不定詞recitar(e)に定冠詞を付けて名詞として使っているので、「recitareすること（＝演じること）」、それにジェルンディオ「cantando 歌いながら」が添えられているので、直訳すると「歌いながら演じること」のように訳すことができます。

　最後の文Lo spettacolo durava alcune ore e si suddivideva in diversi attiを見てください。si suddividevaは受け身のsi（Lo spettacoloが主語）ですね。

訳例

　オペラはイタリアで「メロドランマ」として1500年代の終わりにフィレンツェのカメラータ・デイ・バルディによって誕生しました。貴族が他の貴族のために作ったこの音楽劇は、音楽と民衆の劇（コンメディア・デッラルテ）の伝統とを融合させたものでした。1600年代になると、メロドランマは「レチタル・カンタンド」という新しい様式に基づいて作られるようになります。それは、言葉（歌詞）が理解できるように歌うということを意味していました。1637年、ヴェネツィアに初めて市民に公開された歌劇場、サン・カッシアーノ劇場ができました。その時から、演者は台詞を演じる時に客席に向かって語りかけるようになったのです。劇は数時間におよび、いくつかの幕に分けられていました。

46 カンツォーネ：サンレモ音楽祭

イタリアにおける重要な「カンツォーネの祭典 Il festival della canzone」のサンレモ音楽祭は、1951年から70年以上も続いている一大テレビイベントで、毎年2月頃開催されています（初めの4回はラジオ放送、1955年よりRaiがイタリア全土とヨーロッパ全域にTV放送）。

毎年恒例の、人気歌手が一堂に会して競い合う

2009年に開催された第59回サンレモ音楽祭のアーティストを紹介する冊子：「Sorrisi e canzoni TV」別冊

歌謡番組ということで日本の紅白歌合戦に似ていると言われることもあります。しかし、日本の番組が一年の集大成としてその年のヒット曲を中心に構成されているのに対して、サンレモ音楽祭では歌手たちがまったくの新曲を発表するという面で大きく異なります。また、この音楽祭は5日間に亘って開催され、歌手たちは同じ曲を、趣向を変えて何回も歌います（その年の芸術監督によって5日間のプログラム構成は変わる）。そして最終日には、音楽評論家やレコード会社のチームによる審査員と、一般聴衆による投票（電話投票）の統計によって最優秀曲3曲が選出されるのです。

その年のエントリー曲（2022年現在の規則では25曲）は、CDにまとめられたものが販売され、連日ラジオやテレビで流されるだけでなく、5日間のショーに出演する司会者とそのアシスタント（多くの場合、女優やモデルなど）の衣装や発言、海外からの豪華なゲスト（俳優、スポーツ選手たち）など、Raiだけでなく新聞、雑誌などさまざまなメディアによって、詳細にレポートされます。

モドゥーニョ、ミーナ、ミルヴァ、チェレンターノ、モランディ、ダッラ、アル・バーノ、パウジーニ、そしてマネスキン…戦後から現代まで、イタリアの歌謡曲を代表するスター歌手たちの多くがサンレモ音楽祭に出演しました。60年代にはカンツォーネブームが起こった日本からも参加、入賞した歌手もいます。

2022年には若手のマームードゥ＆ブランコが1位、70年代からの往年のスター、ジャンニ・モランディが2位、中堅のエリーザが3位という結果でした。

ここで紹介する新聞記事は、モランディについての批評の一部です。

Mentre Sanremo arranca rincorrendo il mondo esterno, l'altra sua anima cerca nuove certezze nella memoria e scopre che quella più contemporanea è di Morandi. Le sue prime canzoni che ritornano, quel clima, quella voglia di vivere che è poi anche la voglia di vincere. Non è la canzone più bella del Festival, 'Brividi', 'O forse sei tu', 'Lettera di là dal mare' sono meglio, ma è perfetta per il suo pubblico perché lo riporta nell'album di famiglia conosciuto. E lui l'ha cantata giovedì sera benissimo, aiutato dal miglior arrangiamento del festival. Votarlo è un atto d'amore e una risposta al nuovo che avanza, è uno schierarsi non per una canzone ma per una vita. E lui ci ha messo l'energia e l'entusiamo dei vent'anni.

Detto questo, spero vincano Mahmood & Blanco, perché sono il mondo che corre veloce là di fuori, il futuro prossimo, l'Eurovision, e il presente. Con Morandi vincerebbe la foto del festival che tiriamo fuori ogni volta nel cassetto. Per questo ha già vinto.

- マルコ・マンジャロッティ「サンレモ2022：永遠のジャンニ・モランディ」Web新聞Quotidia-no.net（2022年2月4日）記事より

https://www.quotidiano.net/magazine/sanremo/2022-gianni-morandi-1.7327343

arrancare［自］懸命に歩く／**contemporaneo**［形］同時代の、現代の／**clima**［男］（時代や風土の）雰囲気、風潮／**schierarsi**［再］〜の側につく、味方する／**Eurovision**（Eurovision Song Contest）ユーロビジョン・ソングコンテスト音楽祭（サンレモと並んで長い歴史を誇るヨーロッパ規模のソング・コンテストで、サンレモ音楽祭の優勝者がイタリア代表として参加する音楽祭）

　2～3行目のscopre che quella più contemporanea è di Morandiのcheは接続詞、quellaは「nuove certezze 新たな安心感」の一つ（certezza）です。単純に女性・単数の語だけを探すとmemoriaと取り違えるかもしれませんね。全体の文意と合わせて指示語の指すものを特定するようにしましょう。

　3行目から始まる文Le sue prime canzoni che ritornano, quel clima, quella voglia di vivere che è poi anche la voglia di vincereは語りのように書かれているため、「Le (sue prime) canzoni 彼の初期の歌」「quel clima あの雰囲気」「quella voglia あの渇望」が並列されていますが、動詞はありません。

続く Non è la canzone più bella del Festival, <u>'Brividi', 'O forse sei tu', 'Lettera di là dal mare' sono meglio,</u> ma è perfetta per il suo pubblico perché lo riporta nell'album di famiglia conosciuto の部分ではちょっと注意が必要です。下線部は、フェスティバルにエントリーしている他のアーティストの曲がいくつか挙げられ、挿入されています。それぞれの曲（複数）を「その歌 la canzone（単数）」で受けていて、ma è perfetta... や perché lo riporta の主語になっています。ここでの la canzone は今回のフェスティバルで披露されたモランディの新曲を指します（訳例では「この曲によって」としました）。

訳例

　サンレモ（音楽祭）は、外の世界についていこうと必死にもがくと同時に、そのもう一方で新たな安心感を記憶の中に探し求め、その最も現代的なもの（安心感）はモランディにあることを見い出した。彼のデビュー当時の曲が脳裏によみがえる。あの雰囲気、あのエネルギーと、あの勝利への渇望が。（彼の曲は）フェスティバルの中で一番よい曲、という訳ではない。〈Brividi〉や〈O forse sei tu〉、そして〈Lettera di là dal mare〉の方が優れているだろう。しかしそれ（モランディの曲）は、フェスティバルの聴衆にぴったりの曲なのだ。なぜなら聴衆は（この曲によって）見慣れた家族写真のアルバムを眺めているような感覚になるからである。それに、モランディは木曜日、フェスティバルの卓越したアレンジにも助けられて、素晴らしい演奏をした。彼に投票するのは愛情表現であり、新しく進出してくる者への回答でもある。曲への賛成ではなく、人生への賛同だ。そして彼のエネルギーと情熱は、まるで20歳の若者のようだった。

　そうは言ったものの、私は Mahmood & Blanco が勝つことを期待している。彼らこそが、フェスティバルの外側で目まぐるしく動いている世界、近未来、ユーロビジョン音楽祭、そして「今」そのものだからだ。モランディの曲で勝ち取れるのは、サンレモ音楽祭と言えば毎回引っ張り出される記念写真のようなものであろう。そういった意味で、彼はもう勝利しているのだ。

第3部

深める

47 ダーチャ・マライーニ

italiano

1936年フィレンツェに生まれた、イタリアの作家でフェミニズム運動家としても知られるダーチャ・マライーニは、幼少期を日本で暮らしました。文化人類学者である父フォスコは研究のため一家で日本に滞在していましたが、1943年のイタリア敗戦後、名古屋の強制収容所で2年間過ごしています。その時の体験が彼女の作品に影響を及ぼしていると言われています。

『シチーリアの雅歌』（1990年）や『密航者』（1996年）など、10作以上の作品が邦訳されていますので、興味がある方はぜひ読んでみてください。

https://www.it.emb-japan.go.jp/nihongo/kouhoubunka/marainir_j.html より

読んでみよう

Ero una bambina timida

Ero una bambina timidissima e impacciata che non sapeva dove mettere le mani e il naso.

Avevo paura di tutto e di tutti e mi rintanavo negli angoli per non farmi vedere.

Non riuscivo a entrare in un negozio con disinvoltura; cominciavo subito a balbettare col commesso e quello si faceva l'idea che fossi una povera scema.

Allora prendevo il coraggio a due mani e per mostrare che non ero del tutto sprovveduta compravo la prima cosa che mi capitava tra le mani.

Così mi capitava spesso di tornare a casa con borse piene di oggetti inutili. Mi sentivo inadeguata, fuori posto. Ho sempre avuto l'impressione che da un momento all'altro potesse sbucare dal nulla una figura gigantesca, forse un dio corrucciato, che con un dito puntato mi dice: chi ti ha dato il permesso di stare lì dove stai? Chi ti ha chiamata? Che cosa vuoi?

• D. Maraini 著 *Quando avevo la tua età* (Bompiani) より

語彙

timido [形] 内気な／**impacciato** [過分] 困惑した／**di tutto e di tutti** すべてのことにおいて、極度に／**rintanarsi** [代動] 身を隠す／**farsi vedere** 顔を出す、姿を表す／**disinvoltura** [女] 気後れのなさ／**balbettare** [自] 口ごもる／**farsi l'idea** (farsi un'idea = concepirli から) 想像する／**scema** [女] 愚か者／**prendere il coraggio a due mani** 度胸を据える／**sprovveduto** [過分] 不慣れな／**capitare** [自] (偶然) 届く、[非人称動] 〈…が〉起きる／**inadeguato** [形] 不適当な／**fuori posto** 場所が違う／**sbucare** [自] 突然現れる／**corrucciato** [過分] 怒った／**lì** [副] そこに

文法

　小学生に向けて自身の体験を綴った文章なので、比較的平易な単語が使われています。しかし、ネイティヴにとって平易であっても外国語としてイタリア語を学んでいる私たちにとっては訳しづらいと感じるかもしれません。そのような場合でも、辞書で見つけた訳語を順番に繋げて作文するのではなく、丁寧に文の構造を読む練習が大切です。

　8〜9行目 per mostrare <u>che</u> non ero del tutto sprovveduta compravo la prima cosa <u>che</u> mi capitava tra le mani では、核になる部分が「述語動詞 compravo ＋直接目的語」になります。前半部分 per mostrare che non ero del tutto sprovveduta (接続詞 che 以下のことを見せるために) と後半部分は la prima cosa を説明する関係詞節であることを読み取りましょう。

訳例

私は内気な少女でした

　私はたいへん内気で、どこに行って何をしたらいいのかわからずおどおどしている子供でした。

　何もかも、すべてが恐ろしくて、見つからないようにいつも隅っこに引きこもっていました。

　お店の中に堂々と入っていくことができませんでした。店員さんの前ではすぐに口ごもってしまうので、その人は私のことを哀れで馬鹿な子だ、と思った（ことでしょう）。ですから、まったくの未熟者ではないことを証明するために勇気をふり絞って、最初に手に触れたものをでたらめに買ってしまうのでした。

　こうして、不要なものが一杯入った袋を持って家に帰ることがたびたびありました。

　自分がそこにふさわしくなくて、場違いであるかのように感じていました。いつも、今にもどこからか巨大な何か、たぶん怒り狂った神か何かが現れて私を指さし、「誰がそこに居ていい、という許しを与えたのだ？　誰がお前を呼んだ、何が欲しいんだ？」と言われるのではないか、という気がしていました。

48 キリスト教

　イタリアで最も信者の多い宗教はローマ・カトリックと呼ばれるキリスト教です。

　キリスト教に関わる建造物（教会、修道院など）や絵画、彫刻をはじめとした文化遺産はヨーロッパ全域に数多くあります。なかでもイタリア国内（ローマ市内）には、現在もカトリックの総本山であるヴァチカン市国がありますが、19世紀にイタリア半島で国家統一が達成される以前までは、広大な領地を有する国家として政治的にも影響力を誇っていました。

　キリスト教建造物や美術品の数が多いことはもちろん、カトリックの文化はイタリア人の思想、生活習慣の中に今でも深く根付いています。法律的には、1984年の「ヴィッラ・マダーマ協約」（Accordo di Villa Madama）によってそれまでカトリックをイタリアの「唯一の国教である」としていた教会と政府との間の古い協約を変更して、イタリア憲法第7条に謳われている政教分離と人々の信教の自由が保障されます。

　イタリア人にとっては当たり前の知識である聖書のエピソードを私たちも知ることで、イタリア美術の鑑賞に新しい発見があるかもしれません。聖書（Bibbia）はキリストが生まれる前のユダヤ人の歴史が描かれる旧約聖書（Antico Testamento）と、主にキリストの生涯が綴られている新約聖書（Nuovo Testamento）とから成るキリスト教の教典で、大変なボリュームがあります。ここでは、数多くの名画の題材となっている新約聖書の「受胎告知」についてイタリア語で読んでみましょう。

サン・ピエトロ寺院

Vangelo secondo Luca, 1 26-38

Al sesto mese, l'angelo Gabriele fu mandato da Dio in una città della Galilea, chiamata Nàzaret, a una vergine, promessa sposa di un uomo della casa di Davide, di nome Giuseppe. La vergine si chiamava Maria.Entrando da lei, disse: «Rallégrati, piena di grazia: il Signore è con te». A queste parole ella fu molto turbata e si domandava che senso avesse un saluto come questo. L'angelo le disse: «Non temere, Maria, perché hai trovato grazia presso Dio. Ed ecco, concepirai un figlio, lo darai alla luce e lo chiamerai Gesù. Sarà grande e verrà chiamato Figlio dell'Altissimo; il Signore Dio gli darà il trono di Davide suo padre e regnerà per sempre sulla casa di Giacobbe e il suo regno non avrà fine». Allora Maria disse all'angelo: «Come avverrà questo, poiché non conosco uomo?». Le rispose l'angelo: «Lo Spirito Santo scenderà su di te e la potenza dell'Altissimo ti coprirà con la sua ombra. Perciò colui che nascerà sarà santo e sarà chiamato Figlio di Dio. Ed ecco, Elisabetta, tua parente, nella sua vecchiaia ha concepito anch'essa un figlio e questo è il sesto mese per lei, che era detta sterile: nulla è impossibile a Dio». Allora Maria disse: «Ecco la serva del Signore: avvenga per me secondo la tua parola». E l'angelo si allontanò da lei.

"La Sacra Bibbia" ed.2008 CEI*

*CEI=La Conferenza Episcopale Italiana（イタリア司教会議）

語彙

grazia［女］(神の) 恩寵／**presso**［副］(の) もとで／**concepire**［他］妊娠する／**avvenire**［自］起こる

文法

　聖書は基本的に明晰な文体で書かれていて、情景描写に優れた（何が起こったか想像しやすい）内容になっています。過去時制については、遠過去と半過去で語られます（直接話法では近過去が出てきます）。また、会話の中で今後起こる事柄が語られる場合には未来形が使われます。これらの時制は、能動態でも受動態でも現れますので、特に受動態の時制にも気を配りながら読んでみましょう。

ルカによる福音書1章・26-38節

6か月目に、天使ガブリエルは、ナザレというガリラヤの町に神から遣わされた。ダビデ家の ジュゼッペ［訳注：ヨセフのイタリア名］という人の婚約者であるおとめのところに遣わされた のである。そのおとめの名前はマリアといった。天使は、彼女のところに来て言った。「喜びな さい、恵まれた方。主はあなたとともにおられる」。マリアはこの言葉に戸惑い、この挨拶は何を 意味するのだろう、と考え込んだ。すると、天使は言った。「マリア、恐れることはない。あなた は神から恵みをいただいた。あなたは身ごもって男の子を産むが、その子をイエスと名付けなさい。 その子は偉大な人になり、いと高き方の子と言われる。神である主は、彼に父ダビデの王座をく ださる。彼は永遠にヤコブの家を治め、その支配は終わることがない」。マリアは天使に言った。「ど うして、そのようなことがありえましょうか。わたしは男の人を知りませんのに」。天使は答えた。 「聖霊があなたに降り、いと高き方の力があなたを包む。だから、生まれる子は聖なる者、神の 子と呼ばれる。それにほら、あなたの親戚のエリザベトも、年を取ってはいるが男の子を身ごも っているではないか。不妊の女と言われていたのに、もう6か月になっている。神にできないこ とは何一つない」。マリアは言った。「わたしは主に仕える者です。お言葉どおり、この身に成り ますように」。そこで、天使は去って行った。 （2008年イタリア司教会議監修による聖書）

聖書の文言は新共同訳を用いるのが一般的ですが、ここではイタリア語から著者が訳出し ました。聖書のことばですから、新共同訳とほぼ同じ内容になるにもかかわらず訳出したのは、 本書がイタリア語を原語で読んで、自分のことばで理解することを目的としているからです。 2000年以降、イタリア語でも日本語でも、カトリックの典礼に使われることばは現代口語に 代わり、聖書もかつての厳格さよりも人々の日常のことばに近づいているように感じられます。 イタリアの文化や社会に大きな影響力を今でも持っている聖書のことばを原語でみなさんなり に感じ取ってみてください。

49 宗教と新宗教

宗教に関するニュースが話題になることが日本でもありますが、学校などで「宗教」について深く学ぶ機会はあまりないため、実際のところよくわからないことも多いのではないでしょうか。ヨーロッパでは物事を考える際に、まず言葉（語）の定義をしっかりするところから始めます。これは初等教育から辞書をしっかり使い、言語を使って思考し、アウトプットすることを系統立てて学ぶヨーロッパの教育では特に大切にされていることです。

ここでは宗教とは何か、新宗教とどこが異なるのかについてイタリア語で読んでみましょう。

読んでみよう

【原文①】

La fede nel divino

Alla base di ciascuna religione c'è la convinzione che il mondo e la vita dell'uomo dipendano da esseri diversi dall'uomo e più potenti. Tutte le religioni hanno miti, cioè racconti che spiegano come la realtà attuale ha preso forma, e riti, cioè cerimonie che gli uomini compiono per questi esseri o per influenzare la realtà che da essi dipende.

• オンライン事典 *Enciclopedia dei ragazzi* 所収、C. Moro「religione」より

読んでみよう

【原文②】

Nuovo movimento religioso（NMR, o NRM dall'inglese new religious movement）è un'espressione utilizzata per indicare fedi religiose o movimenti etici, spirituali o filosofici di origine recente e che non appartengono a una chiesa o a un'istituzione religiosa più antica, quasi tutti apparsi a partire dagli anni cinquanta del Novecento.

• Wikipedia「Nuovo movimento religioso」より

第3部　深める

fede［女］信仰／**divino**［男］神性／**convinzione**［女］信念／**dipendere da** …しだいである
／**potente**［形］力のある／**mito**［男］神話／**prendere**［他］取る／**forma**［女］形／**rito**［男］
儀礼、儀式／**compiere**［他］果たす／**influenzare**［他］影響を与える／**movimento**［男］動き、
運動／**etico**［形］倫理・道徳の／**appartenere**［自］〈…に〉所属する／**istituzione**［女］団体／
apparso［過分］現れた／**Novecento**［男］1900年代

文法

「原文①」の最初の一文に注目してみましょう。

Alla base di ciascuna religione c'è la convinzione che il mondo e la vita dell'uomo dipenda-
no da esseri diversi dall'uomo e più potenti.

　文の核になる部分はc'è la convinzioneです。この前の部分 Alla base...は核の部分の説明、
後ろの部分che...はconvinzioneを説明する関係詞節だということが見えると読むスピードが
上がるだけでなく、より正確に読めるようになります。

訳例①

聖なる存在への信仰

　どんな宗教にもその根底には人間の運命や世界が、人間ではないもっと強力な存在に動かされ
ている、という信念がある。すべての宗教には神話、つまりどのようにして今この現実に至った
のかを説明する物語があり、儀式、つまり人間がその聖なる存在のために、またはその存在によ
って動かされている現実に影響を与えるために行なうセレモニーがある。

訳例②

　新しい宗教活動（NMR、または英語の new religious movement からNRM）とは、古くから存在する
教会や宗教法人に属さない新しい宗教的な信仰運動や倫理的、スピリチュアル、哲学的な活動（グ
ループ）を指す言葉である。それらの活動グループはほとんどが1950年代以降に現れたものである。

50 アッティリオ・レゴロ

15：イタリアと歴史

italiano

　現在のように国家としてのイタリアが誕生するのは19世紀後半ですが、イタリアの文化や社会は、当然のことながら古代ローマの文化や社会、思想から多くのものを受け継いでいます。古代ローマの偉人たちは、「道徳」「勇気」「誠実さ」「忠実・公正さ」などによって長年讃えられてきました。それだけではなく、イタリアの学校教育では偉人の物語を読んだ後に児童・生徒が自分にとって「口にした約束を守る」ことがどれくらい重要であるのかを話し合ったりもするようです。

読んでみよう

　Dall'altra parte del mare c'era una volta una grande città chiamata Cartagine che entrò in guerra con i Romani.

　Tra i Romani vi era un valoroso generale di nome Attilio Regolo, <u>il quale</u> - si diceva - <u>aveva</u> sempre <u>mantenuto</u> la parola data. Accade che Regolo, dopo aver riportato importanti vittorie, fu vinto e condotto prigioniero a Cartagine. Tuttavia i Romani <u>stavano guadagnando</u> terreno e i Cartaginesi cominciavano a temere di essere sconfitti.

　Un giorno i Cartaginesi andarono a parlare con Regolo nella sua cella e gli promisero la libertà se avesse convinto i Romani con una bugia ad abbandonare la guerra. Poi dissero: - <u>Promettici</u> che, se non accetteranno la pace, tu tornerai nella tua prigione.

　Attilio Regolo promise, e partì per Roma.

　Giunto dinanzi al Senato, Regolo proclamò a gran voce: - Sono stato mandato per chiedervi di fare pace, ma questo non sarebbe saggio. I nostri eserciti guadagnano terreno ogni giorno. Continuate la guerra e Cartagine sarà vostra. Per quanto mi riguarda, sono venuto a dire addio a Roma, perché ho promesso che <u>sarei ritornato</u>.

　Allora i senatori cercarono di convincerlo a restare.

　- Poi li salutò e tornò indietro dove lo aspettava una morte crudele.

• Rodolfo Borticelli 著『La Scuola』「*Scopriamo i popoli antichi*」より

語彙

c'era una volta...（昔話などの冒頭で）かつて〜がいた・あった／**Cartagine**［女］カルタゴ／

entrare in guerra 戦争に突入する／**vi era = c'era**／**un giorno**（過去の）ある日、かつて／**cella**［女]（監獄の）独房／**promettere**［他]約束する／**giunto**［過分]到着した／**a gran voce** 大声で／**sono stato mandato**（受動態・近過去）私は送られた／**saggio**［形]賢明な／**per quanto mi riguarda** 私に関しては／**dove**［関係副詞]〜である場所に

文法

　物語では遠過去が頻繁に用いられる完了過去です。日常会話ではあまり用いられないので、意識的に活用形に慣れるようにしましょう。

　3行目のil quale（=che）は先行詞の性・数を示すことができる関係代名詞quale です。関係節内のaveva (sempre) mantenuto は、「助動詞avere の半過去＋過去分詞」で表される大過去なので、主節の時制（半過去）との時系列を意識するとよいでしょう。

　6行目のstavano guadagnando はstare＋ジェルンディオの過去進行形ですね。10行目のprometticiは、promettere の命令法に間接補語人称代名詞 ci が付けられた形です。

　最後から3行目のsarei ritornato は条件法・過去で、過去のある時点（私は約束した ho promesso）よりも後に起こることを表しています。

訳例

　昔々、海の向こう側にカルタゴと呼ばれる大きな町があってローマ人との戦争に突入しました。

　ローマ側にはアッティリオ・レゴロという名前のある勇敢な将軍がいました。彼は約束したことはいつも必ず守ってきたというもっぱらの評判でした。さて、そのレゴロはいくつかの大切な戦で勝ちを収めたあとで、（ある戦に）負けてカルタゴの捕虜として牢獄に入れられてしまいました。しかし、それにもかかわらずローマ人たちは着々と勝ち進んでいったので、カルタゴ人たちは次第に敗戦を恐れるようになりました。

　ある日、カルタゴ人たちは独房にいるレゴロに話をしに行きました。ローマ軍に嘘をついて戦争をやめるよう説得することができれば、彼を自由にしてやる、と約束したのです。そしてこう言いました。「もし彼らが和解に合意しないのならば、また牢獄に戻ってくる、と我々に約束しなさい」

　アッティリオ・レゴロは約束をして、ローマへと旅立ちました。

　ローマ元老院の議員たちの前に立ったレゴロは、朗々と宣言しました。「私はあなた方に和解を請うためにここへ送られてきたのだが、それは賢明な策ではない。我々の軍は日々優勢に進撃をしている。このまま戦を続けなさい、そうすればカルタゴは陥落するであろう。私の方はと言えば、（牢獄に）戻ると約束をしてきたのだから、ローマに別れを告げに来たのだ」

　そこで元老たちは、なんとか彼を引き留めようと説得を試みました。

　しかし（レゴロは）やがて彼らに別れを告げると、残酷な死が彼を待つ場所へと戻って行ったのでした。

51 ルネサンス

　一般に「ルネサンス」は再生を意味するフランス語renaissanceとして認識され、14〜16世紀のヨーロッパ社会の転換期に起こった革新的な文化運動を指し、「文芸復興」と訳されます。古代ギリシア・ローマの文化を理想として，それらを復興させながら新しい文化を生み出そうとする運動で、思想、文学、美術、建築など多方面にわたっています。

　中世から近代への変化のようす（生活や考え方など）をひとくくりにして使われたことば・概念ですが、近年では「この使い方が適切なのか？」といった疑念も提起されています。とはいえ、ここではイタリア発の文化運動「ルネサンス」について原語で読んでみましょう。

イタリア・ルネサンスを象徴する作品『理想都市』国立マルケ美術館収蔵
https://commons.wikimedia.org/wiki/File:Formerly_Piero_della_Francesca_-_Ideal_City_-_Galleria_Nazionale_delle_Marche_Urbino.jpgより

読んでみよう

　Il Rinascimento è nato in Italia e si è poi diffuso in tutta l'Europa. Per le grandi novità che lo caratterizzano, questo periodo storico è considerato l'inizio dell'età moderna.

Le novità del Rinascimento

1) L'uomo è al centro dell'interesse di intellettuali, artisti e scienziati, che riscoprono le opere degli antichi Greci e Romani a cui si ispirano.
2) Con la scoperta delle Americhe il mondo diventa più grande.
3) Il potere non è più nelle sole mani dei nobili, ma anche di famiglie borghesi divenute ricche e importanti soprattutto grazie al commercio.
4) La Chiesa si divide: accanto alla Chiesa cattolica nascono in Europa varie Chiese protestanti.

● Allegra Panini著 *Giochiamo con la storia: Il Rinascimento*より

171

Rinascimento［男］ルネサンス／**diffondersi**［代動］広まる／**novità**［女］新しいこと／**caratterizzare**［他］特徴づける／**considerato**［過分］見なされた／**età moderna** 近世／**centro**［男］中心／**intellettuale**［名］知識人、文化人／**artista**［名］芸術家／**scienziato**［男］科学者／**riscoprire**［他］再発見する／**opera**［女］作品／**antichi Greci e Romani** 古代ギリシア・ローマ人たち／**ispirarsi**［代動］〈a ...から〉着想を得る／**scoperta**［女］発見／**nobile**［男］貴族／**borghese**［名］中産階級の人／**commercio**［男］商業、交易／**chiesa**［女］教会／**dividersi**［代動］分かれる／**accanto a** …の近くに／**cattolico**［形］カトリックの／**protestano**［形］プロテスタントの

　子供向けに書かれた解説なので平易な表現が使われています。とはいえ、いい加減に読み飛ばさないようにしましょう。2行目のIoがIl Rinascimentoを指し、1）のa cuiの先行詞がgli antichi Greci e Romaniであることなど、丁寧に押さえることが大切です。

　ルネサンスはイタリアで生まれ、その後ヨーロッパ中へと広がっていきました。ルネサンスを特徴づける重要な新要素から、この時代は近世の始まりとみなされています。

ルネサンス時代の新要素

1）知識人、芸術家、科学者たちの興味の中心であったのは人間である。古代ギリシア、ローマ時代（の文化）に傾倒していた彼らは、その芸術作品（のすばらしさ）を再認識した。

2）南北アメリカ大陸の発見により、世界が広がった。

3）権力はもはや貴族階級だけのものではない。主に商業によって裕福になり、影響力をもつようになったブルジョア階級の家も権力を握る。

4）キリスト教会の分裂。カトリック教会に並んで、ヨーロッパで複数のプロテスタント教会が誕生する。

　ルネサンスの4つの新発見の2つ目の中でアメリカを指す名詞の複数形Americheが用いられています。これは、南北アメリカ大陸を指しているからです。現在のアメリカ合衆国の国名を正確に表す場合、Gli Stati Uniti d'Americaで表します。

　また、ここでの「新大陸発見」という言い方は当然ヨーロッパにとってのという条件付きであることは明らかです。『Focus』ホームページでコロンブスについて書かれた記事のように「大西洋の対岸から着岸する approdare dall'altra parte dell'atlantico」と表現されることも増えてきました。（https://www.focus.it/cultura/storia/cristoforo-colombo-luci-ombre-scoperta-america）

52 イタリアのファシズム：人種差別

「人種」とは、身体的特徴によって人間を異なる集団に区別するという考え方から出てきたものです。皮膚の色や骨格、頭のかたち、顔つき、毛髪・瞳の色、血液型など、さまざまな基準がありました。しかし、20世紀後半の遺伝子学の研究によって、いかなる生物学的意味においても人種の違いは存在しないことが明らかになりました。

フランスのゴビノーが発表した『人種不平等論』（1853-55）はヨーロッパの人たちに人の差異——白人、とりわけゲルマン人（アーリア人）が最も優れているとする——の考え方に大きな影響を与えました。20世紀にナチスがホロコーストを実行していますが、それはこの考えに依拠しています。

以下の新聞記事は、イタリアにおいて人種保護法が閣議決定されたことを報じたものです。今日、人種差別は無意味であることが明らかであるにもかかわらず、人種という考え方や人種偏見は根強く残っています。これは、人間が身体について強い関心を持っているからもしれません。「良い・悪い」とは別のところで、曖昧な意味合いで捉えられている人種について考え続けることが大切だと思います。

第3部 深める

1938年11月11日「コッリエーレ・デッラ・セーラ」紙の一面記事
（https://upload.wikimedia.org/wikipedia/commons/d/de/Corriere_testata_1938.jpg）

Nel settembre del 1938 venivano promulgati i regi decreti che trasformavano l'Italia in un Paese <u>antisemita</u> dove gli ebrei venivano esclusi da ogni settore della società civile

Il 5 settembre 1938, per decreto regio firmato dal re Vittorio Emanuele III, l'Italia fascista di Benito Mussolini varava le leggi razziali (che potrebbero benissimo essere chiamate "razziste") <u>con le quali</u> il nostro Paese escludeva gli ebrei da qualsiasi servizio e attività pubblica.

Dal settembre del '38 infatti agli ebrei italiani - che erano circa 50.000 - venne impedito, tra le altre cose, di sposarsi con altri italiani, di lavorare in uffici pubblici, banche o enti statali, di insegnare, di mandare i propri figli a scuola e di <u>avere alle proprie dipendenze</u> personale non ebreo, i cosiddetti ariani.

Di colpo, cittadini comuni che fino al giorno prima avevano vissuto tranquillamente nella società civile venivano così dichiarati nemici della razza superiore, cittadini di "serie b" che non erano graditi allo Stato e che gli italiani "per bene" avrebbero dovuto evitare.
[...]

* N. デ・ローザ「イタリア・ファシズム人種法」より
https://www.focusjunior.it/scuola/storia/cosa-sono-state-le-leggi-razziali-fasciste/#main-gallery=slide-2

promulgare [他] 公布する／ **regio** [形] 国王の／ **decreto** [男] （法律上の）命令／ **antisemita** [形] ユダヤ人排斥の／ **varare** [他] 始める、可決する／ **ebreo** [男] ユダヤ人／ **impedire** [他] 〈di... ～することを〉阻止する／ **ente** [男] 法人、協会、機関／ **dipendenza** [女] 依存／ **per bene** きちんとした、まじめな、良家の

冒頭2行目のantisemitaは形容詞としても名詞としても使うことができます。しかしここでは、前にあるun Paeseを説明する言葉として使われているので名詞ではなく形容詞として使われていることがわかります。文の構造を調べていて選択肢が複数ある場合には、消去法で絞り込んでいくやり方を身につけると確実かつスムーズに読めるようになります。

1段落目3行目の関係代名詞con le quali は con cui で表すこともできますが、「定冠詞＋quale/i」のかたちを使うことで先行詞の性・数を明示することができます。ここでは（　）内で補足された部分よりも前にある le leggi raziali をより正確に示すために使われています。

2段落目4行目後半以降では、「avere qlcu. alle proprie dipendenze〈人〉を雇っている」のかたちが見えると、続く personale が総称的な意味合いでの男性・単数名詞「職員・スタッフ」であることが理解できるでしょう。

1938年9月、イタリアをユダヤ人排斥国家へと変貌させる国王令が公布された。それによりユダヤ人は市民社会のいかなる分野からも除外されることとなる。

1938年9月5日、国王ヴィットリオ・エマヌエーレ3世によって署名された王令により、ベニート・ムッソリーニのイタリアファシズム政権は人種法（むしろ人種"差別"法と呼ぶべきであろう）を可決した。これによってユダヤ人は、我々の国内でのいかなる事業や公的な活動から排斥された。

事実38年9月以降、当時およそ5万人いたユダヤ系イタリア人たちは、他のイタリア人との結婚、役所や銀行、公的機関で働くこと、教職に就くこと、子供を学校に通わせること、自分の下にユダヤ人でない、いわゆるアーリア人の従業員を雇うことなど、他にもさまざまなことを禁じられた。

ある日突然、前日まで何の問題もなく社会生活を送っていた一般の市民たちが、優勢な人種の敵であり、国家から疎まれる"下級の"人種であると宣告されたのだ。そして「善良な」イタリア人は彼らを避けなければならなかった。

　［後略］

53 新聞

　ひと昔前は新聞は紙で読むのが主流でした。現在でも「新聞は紙で読んでこそ」という人も多いとは思いますが、大手新聞社の定期購買者数が激減していることも事実です。日本では定期購読が大半ですが、イタリアではEdicolaやChiosco（駅・広場・街頭の新聞販売店、キオスク）などで購入する方が一般的です。

　今では新聞の一面であればインターネットサイトGiornalone（https://www.giornalone.it）で閲覧することができます。イタリア国内で発行されている新聞、地方新聞、スポーツ新聞、経済新聞、外国の新聞（毎日新聞や読売新聞もあります）を見ることができます。それぞれの新聞社の編集方針や傾向を見比べることができるので、情報を取捨選択する力を身につけることもできるかもしれません。

　個々の記事を読みたい場合、多くの新聞社の公式HPが記されているのでそちらにジャンプすると概要を読むことができます。ここではボローニャの新聞 *Il Resto del Carlino* を見ていきます。https://www.ilrestodelcarlino.it/cronaca

　記事の種類によって、「Cronaca ニュース（報道記事）」「Sport スポーツ」「Cosa fare ライフ」「Politica 政治」「Economia 経済」「Cultura 文化」「Spettacoli 芸能」などに区分けさてています。「Esteri 外国」のニュースの中から記事の導入部分を読んでみましょう。

HP「Giornalone」より　https://www.giornalone.it

Corea del Nord lancia altri due missili sul Mar del Giappone. Cosa sta succedendo

Gli Stati Uniti : "Basta atteggiamento sconsiderato e provocatorio".
Pyongyang : "La portaerei Usa Reagan è una grave minaccia"

Roma, 6 ottobre - Non si arresta l'escalation di tensione attorno alla Corea del Nord. Pyongyang ha lanciato oggi due missili balistici a corto raggio (e non uno come pareva inizialmente) verso il Mar del Giappone. A confermare la notizia lo Stato Maggiore della Corea del Sud. "Le nostre forze armate hanno rafforzato il monitoraggio e la sorveglianza e stanno mantenendo la massima prontezza in coordinamento con gli Stati Uniti", ha inoltre sottolineato lo Stato Maggiore in un comunicato. L'esercito di Seul ha precisato che i due razzi sarebbero partiti dalla zona di Samsok, a Pyongyang. Una prova di forza (reciproca) non-stop: i nuovi lanci seguono il test di martedì di un missile balistico a raggio intermedio che ha sorvolato il Giappone. Di ieri la risposta: un'esercitazione congiunta tra Stati Uniti e Corea del Sud, con quattro missili terra-terra sparati sul Mare dell'Est. Un quinto, un razzo balistico, si è schiantato al suolo nella zona costiera di Gagneung (in Corea del Sud), scatenando il panico tra la popolazione.

• HP「Quotidiano Nazionale」より

　https://www.quotidiano.net/esteri/corea-del-nord-missili-giappone-1.8151944

語彙

lanciare [他] 投げる、放つ／**missile** [男] ミサイル／**sconsiderato** [形] 無遠慮な、軽率な／**provocatorio** [形] 挑発的な／**portaerei** [女] (無変) 航空母艦、空母／**balistico** [形] 弾道の／**a corto raggio** 短距離の (a raggio intermedio 中距離の)／**Stato Maggiore della Corea del Sud** 大韓民国／**monitoraggio** [男] モニター監視／**razzo** [男] ロケット、ミサイル／**reciproco** [形] 相互の／**lancio** [男] 投げること、発射／**sorvolare** [他] 上空を飛ぶ／**missile terra-terra** [男] 地対地ミサイル／**schiantarsi** [代動] 激突する／**Gagneung** [固名] (韓国) 江陵、カンヌン市

　新聞記事やメディアでの報道では、どうしても主語や目的語に「国名」が何度もでききます。このような国名の連続使用を避けるために、「平壌が」「ソウルが」「ワシントンは」のように首都名をあげることで、その国の政府や中央機関を表す表現になっています。

　「escalation 段階的拡大」や「non stop」のような英単語はそのまま用いられることがあります。必要に応じて日本語の訳語をあてたり、カタカナで残したりするとよいでしょう。文法的にそれほど難しい構文は使われていませんが、Mare dell'Estなどの表現には注意が必要です。直訳すれば「東の海」ですが、ここでは朝鮮語における東海、つまり日本海を指しています。

　最後から5行目に出てくる動詞sorvolareには、自動詞と他動詞がありますが、ha sorvolatoのように近過去の助動詞にavereが使われていること、直接目的語il Giapponeがあることからも他動詞だということが分かります。

北朝鮮がまたも2つのミサイルを日本海に向けて発射。何が起きているのか

合衆国：「無謀で挑発的な態度はもうたくさんだ」
北朝鮮：「米空母レーガンは、重大な脅迫である」

　10月6日（ローマ）−北朝鮮周辺の緊張のエスカレーションが止まらない。北朝鮮は今日、短距離弾道ミサイル（当初は1発とされていたが）2発を日本海に向けて発射した。この情報は、大韓民国により裏付けられている。韓国は、「我が国の軍隊はモニタリングと監視を強化し、米国との協力のもと、最大限の準備態勢を整えて待機している」と強調した。韓国軍によると、2発のミサイルは平壌の三石付近から発射された。この、相互による力の誇示はとどまるところを知らない。この新たな発射は、火曜日に日本上空を通過した中距離弾道ミサイルのテスト発射に続くものである。（火曜日の発射に対する）反応は昨日あった。それは米国と韓国の共同演習により日本海に向けて発射された、4発の地対地ミサイルである。また、5発目である弾道ロケットはカンヌン市（韓国）の海岸地区に落下して、地元の人々を混乱に陥れた。

54 ジャーナリズム

「ジャーナリズム」という言葉を平凡社『世界大百科事典』（第2版）で調べてみると、

> 日々に生起する社会的な事件や問題についてその様相と本質を速くまた深く公衆に
> 伝える作業。また，その作業をおこなう表現媒体をさしていう。歴史的には新聞や
> 雑誌による報道・論評をつうじて果たされることが多かったので，転じて新聞・雑誌
> など定期刊行物を全体としてさす語として用いられることもある。

と定義づけられています。「様相と本質」を正しく伝えるという、専門性の高い素晴らしい仕事だと思います。

日本語では「アナウンサー」という言い方が一般的ですが、イタリアではテレビでニュースを伝える人はgiornalista、番組の予告やお知らせを読む人はannunciatore（-trice）、番組の司会者はpresentatore（-trice）と呼ばれます。また、関連する語彙として覚えておくと便利なものとして、「la stampa 新聞雑誌全般（近年はテレビ等の報道を含むこともある）」「i giornali 新聞・雑誌」「cronaca nera 犯罪記事」「cronaca rosa 芸能人のスキャンダル」などがあります。

edicola（新聞・雑誌販売店）に並ぶ新聞各紙

第3部

深める

Al servizio della notizia

Il termine giornalismo sta a indicare sia l'insieme delle attività riferite alla pubblicazione di notizie attraverso la stampa, sia la professione di giornalista, sia, infine, l'insieme dei giornalisti. Sin dall'Ottocento, tutto può essere oggetto di attenzione da parte dei giornali e la cronaca, divenuta protagonista della stampa, ha imposto al giornalista un lavoro sempre più complesso, <u>volto</u> alla raccolta e alla selezione delle informazioni destinate a stabilire un rapporto di attenzione e fiducia con il pubblico.

Il giornalismo in Italia

Il giornalismo italiano ha mostrato una lunga avversione per le scuole, <u>preferendo alimentare il mito del giornalista</u> che si fa da sé. Solo in seguito alla tardiva istituzione di organismi rappresentativi come l'Ordine nazionale dei giornalisti' (fondato nel 1963) e la Federazione nazionale della stampa italiana (FNSI) sono sorte le prime scuole dove poter svolgere il periodo di praticantato necessario per accedere all'esame di Stato e diventare così giornalisti professionisti. Dal 1997 la formazione dei futuri giornalisti è stata in gran parte delegata alle istituzioni universitarie.

- L. ジャケリ・フォッサーティ「ジャーナリズム」*Enciclopedia dei ragazzi* より
  https://www.treccani.it/enciclopedia/giornalismo_%28Enciclopedia-dei-ragazzi%29/

giornalismo [男] ジャーナリズム／**stare a** 不定詞 …している／**sia... sia...** 〜も〜も／**riferire** [他] 伝える、報道する／**insieme** [男] 全体、総体／**sin da** …からずっと／**Ottocento** [男] 1800年代／**cronaca** [女] ニュース、報道記事／**protagonista** [名] 主人公／**imporre** [他] 課す、負わせる／**volto** [過分] …を向いた／**destinare** [他] 差し向ける、予定しておく／**stabilire** [他] 決める、定める／**avversione** [女] 〈a, per〉(…への) 反感／**in séguito a** …の理由により／**tardivo** [形] 遅まきの／**istituzione** [女] 設立、団代／**organismo** [男] 有機的組織体／**ordine** [女] 団体、組合／**federazione** [女] 連盟、協会／**sorgere** [自] 生まれる／**svolgere** [他] 実施する／**praticantato** [男] 見習い期間／**formazione** [女] 育成／**in gran parte** 大部分／**delegato** [過分] 委託された

文法

　ひとつ目のトピックの6行目のvoltoの品詞は形容詞（過去分詞）なので、それが修飾する男性・単数の名詞に注目すれば、lavoroとつながることが分かりますね。また、volto alla... e alla...の部分は日本語に訳す際には自然な訳文になりにくいと思いますので、まずは構文をしっかり整理してから意訳するとよいでしょう。

　ふたつ目のトピックの最初の文ではジェルンディオが使われています。フレーズのかたちもシンプルなのでpreferendo alimentare il mito del giornalistaの部分を直訳すると「ジャーナリストの伝説を育成するのを好み（イタリアのジャーナリズムは）」となりますが、日本語として相手に伝える表現にするにはひと工夫必要でしょう。意訳の場合には絶対的な正解がひとつ導き出せるわけではありませんから、不安にならずにまずはトライしてみてください。

訳例

ニュースに仕えて

　ジャーナリズムという言葉は、新聞、雑誌などを通じて情報を公表するための活動全般であり、ジャーナリストの職業のことであり、そして最後に、ジャーナリストたち全体を指すものでもある。19世紀以来、ありとあらゆることが新聞の関心を集めうる対象となり、事件の仔細を報じた記事は新聞、雑誌の主役となっていった。ジャーナリストは読者との関心と信用の関係を左右することとなる情報を収集し、選別するために心血を注ぎ、その仕事は、ますます複雑なものになっていった。

イタリアのジャーナリズム

　イタリアのジャーナリズムは、長きにわたって教育機関への反感をあらわにしてきた。（誰の力も借りずに）自己流でジャーナリストになる、という伝説があたかも正当なものとしてはびこるのに甘んじてきたのだ。国立記者協会（1963年創立）や、FNSI（新聞記者、ジャーナリストたちの国立組合）など（この職業を）代表する機関が遅ればせながら設立された後になってやっと、最初の学校が誕生した。そこではプロのジャーナリストになるための国家試験を受けるのに必要な研修期間を過ごすことができる。1997年以降、未来のジャーナリストたちの教育は大部分が大学に任されている。

補足解説

　原文のひとつ目のタイトルAI servizio della notiziaで用いられている単語servizioには、「新聞なテレビのニュースなどで話題として取り上げるひとつの記事、ルポタージュ」や「（誰かのために）仕えること」といった意味があります。ここでは筆者がふたつの意味を含ませながら書いているのかもしれないと考えながら原語を読む楽しさを味わってみましょう。

　Ordine dei giornalistiやFNSIのような表現は、業界の事情や仕組みを母語で理解していな

いと、その理解は当然のことながら難しくなります。このように、外国語として難しいのか、専門的な内容としてそもそも難しいと感じるのかを判別できるようにすることも、講読の力をつけるうえでは大切です。

イタリアでは新聞を自宅に配達させるのではなく、町のあちこちに点在するedicolaに出向いて購入するのが一般的です。edicolaには、新聞のほかに各種雑誌、雑誌の付属品や文房具なども揃っています。

さまざまな店構えのedicola

55 笑い話

　イタリアでは日常のおしゃべりの話題としてしばしば「笑い話 barzelletta」を耳にします。ここで紹介するお話は、サッカーの元イタリア代表で長年ローマのサッカーチーム「AC ローマ」で活躍し、多くのファンに愛されたトッティが自分自身をネタに語る笑い話です。本文中に出てくるヴィエーリ（ボローニャ出身で国際サッカー連盟創設100周年に発表された名選手に選ばれた）とガットゥーゾ（カラブリア出身、2006年にはトッティとともにワールドカップ優勝メンバーの一人）も優れたサッカー選手でした。

　笑い話にはお約束の「オチ」があるのですが、笑いに対する感覚の違いからすんなり笑えないこともあるでしょう。そして、輪の中で一人笑っていない外国人がいると現地ではその面白さを共有できるように、状況を何度も親切に説明してくれます。なんとも微笑ましい光景ですね。

読んでみよう

Lo specchio magico

　Nelle segrete del Vaticano è stato trovato uno specchio magico. Chiunque dica una bugia davanti a questo specchio per magia sparirà. Lo vanno a provare Vieri, Gattuso e Totti.

　Inizia Vieri e dice: "Io penso di essere il giocatore più bravo dell'universo". Detto questo, puff… scompare.

　Dopo Vieri è la volta di Gattuso : "Io penso di essere l'uomo più bello d'Italia!". Ovviamente, puff… anche lui scompare.

　È il momento di Totti, si mette davanti allo specchio ma non è così sicuro di sé, vista la fine che hanno fatto Vieri e Gattuso. Si concentra e timidamente mormora : "Io penso…" Alla parola "penso", puff… scompare all'istante.

● Francesco Totti 著 *Tutte le barzellette su Totti* より

語彙

segreta［女］土牢、地下牢／**Vaticano**［固名］ヴァチカン（市国）／**trovare**［他］見つける／**magico**［形］魔法の／**chiunque**［不代］誰であろうと／**dire**［他］言う／**bugia**［女］嘘／**davanti a** …の前に・で／**sparire**［自］消える／**iniziare**［他］始める／**andare**［自］行く／**provare**［他］試す／**puff**（puf）［間］（擬音）プシュー／**scomparire**［自］姿を消す／**volta**［女］回／**momento**［男］瞬間、時／**mettersi**［再］身を置く／**sicuro di sé** 自分に自信がある／**concentrarsi**［再］集中する／**mormorare**［自］つぶやく／**all'istante** その瞬間に

文法

1行目のè stato trovatoは受動態・近過去の表現です。同じ行の不定代名詞chiunqueは接続法を伴った譲歩節を導きます。2行目のLo vanno a provareのLoはspecchioを受ける直接目的語代名詞なので、「それ（魔法の鏡）を試しに行く」となりますね。

最後から3行目のvistaは（Totti）si mette davanti allo specchioを説明する分詞構文（過去分詞visto）です。分詞構文において、直接目的語を伴う他動詞の過去分詞は、直接目的語（ここではLa fine）の性・数に一致させるので、女性単数形vistaとなります。

訳例

魔法の鏡

ヴァチカンの地下室から魔法の鏡が発見された。この鏡の前で嘘を言った者は誰であろうと、魔法のように消えてしまうのだ。この鏡をヴィエーリ、ガットゥーゾ、トッティが試しに行った。

最初はヴィエーリ。「俺が考えるに、俺は宇宙で一番上手いサッカー選手だ」。彼がそう言ったとたん、パッ…と消えてしまった。

ヴィエーリの次は、ガットゥーゾの番だ。「俺は、自分がイタリアで一番ハンサムな男だと思う！」当然、パッ！…彼も消えてしまった。

さあ、トッティの番だ。彼は鏡の前に立ったが、ヴィエーリとガットゥーゾの顛末を見ていたので、ちょっと自信がなかった。それでもなんとか集中すると、おずおずとつぶやいた。「僕が考えるのは…」。「考える」という言葉を言ったその瞬間、パッ…彼は消えてしまった。

解説

冒頭の部分で笑い話の説明は野暮ったいと書きましたが、（イタリア的）お節介だと思ってお許しください。メディアでも頻繁に取り上げられる有名人や人気者は、「キャラ付け」される傾向にあります。トッティはインテリとは真逆というキャラクターで語られることが多かったため、このような自虐的な笑い話がたくさん自著でも紹介されています。

56 | エイプリルフール

　日本でもおなじみのエイプリルフール（April fool）は、4月1日を嘘をついてよい日として楽しむ欧米の習慣ですが、もともとは「騙される人」を指す言葉でした。イタリアではフランスなどと同様に「4月の魚（伊語では Pesce d'aprile）」と言います。

　外国の習慣がいつ・どのようにしてイタリアに入ってきたのか、なぜ魚なのかをイタリア語で読み解いていきましょう。

読んでみよう

　Le origini del pesce d'aprile non sono storicamente certe. Sembra che risalgano al 1582, anno in cui in Europa si passò al calendario Gregoriano. Prima di quella data il Capodanno veniva festeggiato tra il 25 marzo e il 1 aprile. L'ipotesi del pesce d'aprile più accreditata è che a seguito di questo cambiamento di calendario non tutti si abituarono alla modifica e continuassero a scambiarsi regali tra marzo e aprile festeggiando ancora il Capodanno con il vecchio calendario. Per prendere in giro queste persone alcuni burloni iniziarono così a consegnare regali assurdi o vuoti con all'interno la scritta poisson d'avril, che in francese vuol dire pesce d'aprile.

　In Italia questa usanza è più recente e risale tra il 1860 e il 1880. La prima città in cui si estese questa tradizione fu Genova. Grazie al suo porto questa tradizione sbarcò dai paesi Europei. Iniziò dapprima a svilupparsi tra le classi più nobili per poi diffondersi in tutta la popolazione.

　Si usa come simbolo il pesce perché sono animali che abboccano facilmente all'amo del pescatore, esattamente come le vittime degli scherzi!

- 「Ricerche per la scuola.it」ブログ記事より

  https://www.ricercheperlascuola.it/blog/maestra-elena/

語彙

risalire [自] さかのぼる／ **passare** [自] 移る／ **calendario Gregoriano** グレゴリオ暦（太陽暦）／ **ipotesi** [女] 仮説／ **accreditato** [過分] 信頼の高い／ **abituarsi** [再]〈a …に〉慣れる／ **modifica** [女] 改正／ **continuare** [他] 続ける ／ **prendere in giro qlcu** 〈人〉をからかう／ **burlone** [男] 悪ふざけする人／ **assurdo** [形] ばかげた／ **vuoto** [形] 空の、中身のない／

poisson d'avril［仏語］4月の魚／**usanza**［女］慣習、風習／**estendersi**［代動］広がる／**sbarcare**［自］上陸する／**classe**［女］階級、階層／**per poi** 後ほど／**diffondersi**［代動］普及する／**abboccare**［他］食いつく／**amo**［男］針／**vittima**［女］犠牲者

文法

　長文を読んでいるとsiの用法に戸惑うことがあると思います。siの用法は、①再帰、②非人称、③受身の3つです。特に、非人称と受身の見分けがつきにくいと思います。日本語に訳した時の意味に引っ張られるのではなく、非人称は「si＋動詞の3人称単数形」、受身は「si＋他動詞の3人称単数・複数形」のように形で見分けるようにしましょう。

　例えば、2行目anno in cui in Europa si passò al calendario Gregorianoのsi passòでは、passareは自動詞としても他動詞としても使われますが、このフレーズに意味上の主語がないため、受身ではなく、非人称のsiとして用いられています。その一方で5行目からのcontinuassero a scambiarsi regaliでは、scambiarsiは「贈り物 regali」を目的語とする相互的な再帰として使われています。すぐに判断できないかもしれませんが、フレーズ内の単語の役割や意味のかたまりを見極めながら経験を積むことで確実に力を付けることができます。

訳例

　4月の魚（エイプリルフール）の起源に歴史的な確証はありませんが、それは1582年、ヨーロッパで暦がグレゴリオ暦に移行した年のことだったようです。この年より前には、3月25日から4月1日までの期間に新年が祝われていました。「4月の魚」に関する最も有力な仮説によると、この暦の変更の直後、すべての人が変化に慣れたわけではなくて、3月から4月にかけて贈り物を交換して古い暦の新年を祝い続ける人々がいました。そこでこの人々をからかうために、いたずら好きな者たちが突拍子もない物を贈ったり、空の箱に "poisson d'avril" とフランス語で4月の魚を意味するメッセージを入れて贈ったりし始めたのです。

　イタリアへのこの風習の伝来はもっと最近のことで、1860年から1880年の間にさかのぼります。最初にこの伝統が広まった街はジェノヴァでした。港がある街ですから、ヨーロッパの国々からこの伝統も上陸したのです。はじめは上流階級の間で広まり、次第に全市民へと普及しました。

　魚がシンボルとして使われるのは、それが漁師の釣り針に容易に引っかかってしまう動物だからです。ちょうど、おふざけの犠牲者たちのように！

57 新造語

italiano

　日本語でも「若者ことば」がテレビ番組で紹介されたり、「業界用語」を日常生活でも使ったりすることがありますね。「ことばの使い方がなっていない」だとか、「乱れた日本語を耳にすることの、なんと嘆かわしいことか」といった声も聞かれます。もちろん、なんでもかんでも勝手気ままに使ってよいとは思いません。しかしながら、言葉が私たちとともに生きているものだと感じるのは私だけでしょうか。

　ここではイタリア語で新たに作られてゆく言葉について見ていきましょう。

読んでみよう

Neologismi, forestierismi, prestiti linguistici: ecco cosa accade quando l'italiano attinge dalle lingue straniere per formare nuove parole

Avete mai sentito parlare di neologismi? <u>Voi ragazzi</u>, tra l'altro, ne usate tanti. Sì, perché un bel po' provengono proprio dalla vostra generazione. Un neologismo (dal francese néologisme, che a sua volta proviene dal greco néos e da logos, ossia "nuova parola") è un vocabolo di nuova formazione presente in una lingua, la quale muta e si rinnova costantemente anche attraverso di essi.

[…]

La maggior parte dei neologismi nasce all'interno del popolo e del parlare quotidiano. Qualcuno inventa una nuova parola <u>il cui uso</u> si espande, <u>a volte</u> con grande velocità, in un intero Paese. <u>A volte invece</u> un neologismo nasce dai mezzi di informazione e di comunicazione: dall'inventiva dei giornalisti, degli scrittori e dai programmi televisivi.

Il cammino dei neologismi è incessante e segue molte strade diverse, così come la lingua che è materia viva e sempre in movimento.

• P. フェデリーギ「新造語とは何か？」『Focus Junior』HP より

https://www.focusjunior.it/scuola/italiano/neologismo-cose-cosa-serve/

neologismo［男］新造語／**forestierismo**［男］外来語／**prestito**［男］借用／**attingere**［他］
〈…から〉汲み上げる／**tra l'altro** とりわけ、なかでも／**un bel po'** かなり、大量に／
provenire［自］〈…から〉来る、生じる／**ossia**［接］つまり／**formazione**［女］形成／**mutare**
［自］変わる／**rinnovarsi**［代動］新しくなる／**costantemente**［副］常に、絶えず／**qualcuno**
［不代］誰か／**inventare**［他］思いつく、作り出す／**espandersi**［代動］広がる／**a volte** ときに、
ときどき／**mezzo**［男］方法、手段／**inventiva**［女］想像力、創作力／**cammino**［男］道のり、
歩み／**incessante**［形］絶え間ない／**seguire**［他］後を追う／**così come** …のように／
materia［女］物質、物

　この文章は読者に向かって呼びかけるように書かれているので、Voi ragazziという表現が
使われています。

　2段落目2行目il cui usoは「所有のcui」です。関係代名詞 cui の前に前置詞がない、後ろに
名詞が来るといった点に注目すると容易に見分けられます。
　同じく2〜3行目のa volteと、それに続く次の文のA volte inveceが「ときには〜、ときには
一方で〜」と関係していることが見通せると全体の流れが比較的楽につかめるでしょう。

新造語、外来語、借用語……イタリア語が新しい言葉を作り出すために外国語を取り上げるとき
　ネオロジズム──新造語について聞いたことがありますか？　とりわけあなたがた若者は（それ
ら を）よく使いますね。そう、新造語の大部分があなた方の世代から生まれてくるのですから。ネ
オロジズム（ギリシア語のnéos（新しい）とlogos（言葉）、つまり「新しい言葉」を語源とするフランス語の
néologisme から）は、ある言語において新しく造られる言葉のことです。言語は、それら（新語）の
働きによっても常に変化し、更新されていきます。
［中略］
　新造語の大部分は、大衆の中から、そして日常会話の中から生まれます。誰かが考え出した新
しい言葉（の使用）が普及していき、ときには瞬く間に全国へと広がって使われるようになるのです。
一方で往々にして、情報、通信の手段であるジャーナリスト、作家、テレビ番組などの発想から
新造語が生まれることもあります。新造語の歩みは途絶えることなく、さまざまな行程を辿ります。
ちょうど言語が生き物であって常に変化し続けるのと同じように。

著者紹介

森田 学（もりた・まなぶ）
　昭和音楽大学准教授。専門は西洋音楽（特にイタリア声楽曲）の実践研究。
　主な著作に『イタリアのオペラと歌曲を知る12章』（編著：東京堂出版）、『イタリアの詩歌』（共著：三修社）、『イタリアの文化と日本』（共著、松籟社）、『解説がくわしいイタリア語入門』『イタリア語のルール』『イタリア語のドリル』（単著：白水社）などがある。

宮下千佐子（みやした・ちさこ）
　国立音楽大学大学院声楽科修了。イタリア、ボローニャ国立音楽院卒業。ボローニャ市を中心にオペラや宗教音楽の演奏活動に携わる傍ら、音楽院在学中よりボローニャのアカデミア・デイ・フロリディにて声楽講師を務める。2016年より、レオーネ・マジェーラ氏による韓国人学生のためのマスタークラスではイタリア語の発音指導を担当。また、自然食品、香水、児童書、自動パッケージング機械、社会福祉等々、多岐にわたる分野で通訳として活動。ボローニャ在住。

イタリア語の世界を読む

2023 年 5 月 10 日　第 1 刷発行
2024 年 1 月 15 日　第 2 刷発行

著　者 ©　森 田　　　学
　　　　　宮 下 千 佐 子
発行者　岩 堀 雅 己
印刷所　壮栄企画株式会社

101-0052 東京都千代田区神田小川町 3 の 24
電話 03-3291-7811（営業部）, 7821（編集部）
発行所　www.hakusuisha.co.jp　株式会社　白水社
乱丁・落丁本は送料小社負担にてお取り替えいたします。

振替 00190-5-33228　　Printed in Japan　　加瀬製本

ISBN 978-4-560-08967-5

■森田 学［著］

イタリア語のルール
基本文法総まとめ

イタリア語の世界を満喫するためのルールブック．
手のひらサイズでいつでもどこでも文法の規則や仕
組みを確認できる便利な一冊．　■B6判　145頁

■森田 学［著］

イタリア語のドリル
基礎力養成問題集

イタリア語の仕組みを身につけるためのトレーニン
グブック．手のひらサイズでいつでもどこでも基本
を確認できる実践的な一冊．　■B6判　131頁

■堂浦律子，アレッサンドロ・マヴィリオ［著］

イタリア語で読む
ITALIA

個性豊かなイタリア全20州の文化，歴史，現代社会
など興味深い話題を楽しく読み解きます．文法説明
と練習問題付き．初中級者対象．　■A5判　168頁